코딩은 처음이라

이종환 지음

with

딥러닝

캐글 & 케라스로
시작하는 딥러닝
모델 다루기

Coding

코딩은 처음이라
with
딥러닝

ISBN : 978-89-314-6614-0

독자님의 의견을 받습니다.

이 책을 구입한 독자님은 영진닷컴의 가장 중요한 비평가이자 조언가입니다. 저희 책의 장점과 문제점이 무엇인지, 어떤 책이 출판되기를 바라는지, 책을 더욱 알차게 꾸밀 수 있는 아이디어가 있으면 팩스나 이메일, 또는 우편으로 연락주시기 바랍니다. 의견을 주실 때에는 책 제목 및 독자님의 성함과 연락처(전화번호나 이메일)를 꼭 남겨 주시기 바랍니다. 독자님의 의견에 대해 바로 답변을 드리고, 또 독자님의 의견을 다음 책에 충분히 반영하도록 늘 노력하겠습니다.

이메일 : support@youngjin.com

주 소 : (우)08507 서울특별시 금천구 가산디지털1로 128 STX–V타워 4층 401호 (주)영진닷컴 기획1팀

파본이나 잘못된 도서는 구입하신 곳에서 교환해 드립니다.

STAFF

저자 이종환 | **총괄** 김태경 | **기획** 김용기 | **교정·교열** 윤모린 | **표지디자인** 강민정 | **내지디자인** 박지은 | **내지편집** 김유진
영업 박준용, 임용수, 김도현 | **마케팅** 이승희, 김근주, 조민영, 채승희, 김민지, 임해나, 김도연, 이다은 | **제작** 황장협 | **인쇄** 제이엠

▶▶ 지은이의 글

제 4차 산업혁명시대에 접어들면서 빅데이터와 인공지능에 대한 관심이 많이 높아지고 있는 추세다. 특히 인공지능은 4차 산업들을 연결시켜주는 핵심이라고 할 수 있을 정도로 중요한 기술이다.

현재 상황은 인공지능이 각광을 받고 있긴 하지만, 아직 인공지능을 이해하고 다룰 수 있는 인력은 턱없이 부족한 것이 현실이다. 여러 유수 대학에서 앞다투어 인공지능학과를 개설하고 있지만, 아직 인공지능을 제대로 교육하기에는 준비가 많이 부족한 상황이다.

인공지능은 많은 부분이 수학을 근간으로 하고 있다. 기본적인 모델링에서 알고리즘 설계, 나아가 학습이 이루어지는 과정까지 모두 수학이다. 다행히 딥러닝에서 사용하는 수학은 미분과 행렬 계산만 알고 있으면 이론적으로는 충분히 소화가 가능한 수준이다.

인공지능 연구를 위해서는 수학적인 전문지식까지 충분히 알아야겠지만, 개발자의 입장에서는 인공지능이 작동하는 원리를 이해하는 수준이면 충분히 코딩에 활용이 가능하다. 그래야 인공지능의 작동원리를 이해하는 가장 빠른 지름길이 될 것이다. 이 책은 작동원리를 이해하는 수준에 맞춰서 설명하고 있다.

이 책이 인공지능의 작동원리를 이해하고 인공지능 개발을 배우고자 하는 학도들에게 작게라도 도움이 되길 바라며, 나아가 인공지능이 막연한 인공지능 로봇이 아니라 수학적으로는 최적화를 할 수 있는 프로그램이라는 것을 잘 이해했으면 한다.

끝으로 이 책이 있기까지 도움주신 분들에게 감사를 전한다. 같이 인공지능을 공부하고 토론하던 KAIST 응용수학과 출신 인공지능 수학 스터디 멤버들인 교수님들과 연구원분들에게 감사를 전한다. 인공지능 수업을 시작하면서 수 천장의 ppt 자료를 같이 만들어 주시고 이 책의 일러스트를 다듬어 주신 진승현님께 고마움을 전한다. 또한 코드를 실행해 보고 검증해 주신 박상욱님과 안재현님에게도 고마움를 전한다.

2022년 03월

이종환 드림

▶▶ 이 책의 특징

대상 독자

이 책은 인공지능에 관심이 있는 사람을 위해 누구나 쉽게 따라 할 수 있도록 개념 설명과 실습 예제를 구성했습니다.

딥러닝은 수학적인 개념이 많이 필요하기에 무난하게 공부하려면 고등학교 수학 수준인 행렬과 미분 정도를 알고 있다면 접근이 쉽습니다.

이 책의 구성

이 책은 딥러닝이 어떻게 작동하는지 이해하고 실제 코드를 구현할 수 있도록 가이드 해주는 것을 목적으로 하고 있습니다.

이 책은 크게 전반부와 후반부, 두 부분으로 구분할 수 있습니다. 전반부는 Part 1~Part 3으로 인공지능과 딥러닝 소개 및 원리 파악을 위한 딥러닝 실습 예시로 구성되어 있으며, 간략히 딥러닝을 살펴봄으로써 개략적인 개념을 잡는 단계입니다. 후반부는 더 깊게 딥러닝을 배우기 위한 구체적인 과정으로 선형 모델에서 신경망 모델, 이미지 분류, 자연어 처리의 원리를 파악한 후 코딩 실습에 적응할 수 있도록 설명하고 있습니다.

딥러닝을 이해하기 위한 인공지능 개요와 머신러닝에 대한 내용을 Part 1에서 다루고, Part 2에서는 딥러닝이 진행되는 과정을 이해하기 위해 딥러닝 흐름을 소개합니다. Part 3에서는 딥러닝의 흐름을 실제 선형분류 예제를 통해 이해해봅니다.

Part 4부터는 본격적으로 딥러닝에 대해 배울 수 있습니다. 딥러닝은 머신러닝과 달리 여러 층으로 구성되어 있지만, 각 층을 구성하는 요소는 기본적으로 하나의 층으로 된 선형 모델로 이루어져 있습니다. 우선 하나의 층으로 이루어진 선형 모델(linear model)을 Part 4에서 다룬 후, 여러 선형 모델의 결합인 신경망(Multi-Layer Perceptrons, Neural Networks)을 Part 5에서 다룰 것입니다.

Part 6에서는 Computer Vision의 기본인 합성곱 신경망(convolutional neural networks; CNN) 모델을 다루고, Part 7에서는 자연어 처리에 필요한 word embedding과 RNN 모델, LSTM 모델과 seq2seq 모델을 다룰 것입니다.

Part 8에서는 이 책에서 배운 내용을 바탕으로 코딩을 해보는 프로젝트 과제 4개가 주어져 있습니다.

이 책이 다루는 학습 종류는 지도학습이며, 문제 분류의 경우 회귀 문제나 분류 문제 모두를 다룹니다.

예제 소스

각 장에 맞는 예제 코드를 이 책의 kaggle 플랫폼에서 다운로드 가능하며, 직접 실행해볼 수 있습니다.

예제 다운로드: www.kaggle.com/goen01/first-coding-with-deep-learning

 저자 동영상 강의

영진닷컴 IT 유튜브 채널

(https://www.youtube.com/channel/UCi7L8rROh6lUePhwrWcCR8A)에서 저자의 동영상 강의를 제공합니다. QR코드를 통해 접속하시면 더 쉽게 확인할 수 있습니다.

스터디 카페

네이버 카페(개프로 – 개발자 되기 프로젝트) : https://cafe.naver.com/codingbeginner

개프로 카페에서 다양한 코딩 꿀팁과 스터디 정보를 빠르게 얻을 수 있습니다.

▶▶ 베타 리더

최진형

저는 〈코딩은 처음이라 with 딥러닝〉을 통해 머신러닝에 대한 전반적인 개념을 배울 수 있어서 좋았습니다. 여기저기서 주워들은 지식은 있었지만 정확히 정리되지 않았었는데 이 책을 통해 정리할 수 있었습니다. 베타 리더로서 책을 읽으면서 많은 수식을 만나 당황스러웠지만 어려운 부분도 표나 그래프를 통해 쉽게 이야기 하고 있는 점이 좋았습니다. Part 3과 Part 6에는 딥러닝 실습이 있는데 이를 통해 궁금했던 이미지 분류를 체험할 수 있었습니다. 이 책을 통해 딥러닝을 공부하면서 차근차근 개념을 쌓아나가시길 바랍니다. 또, 책에 소개된 Kaggle(캐글)이라는 사이트를 통해 쉬운 실습을 병행하시면 더욱 좋을 것 같습니다.

이지민

인공지능이라는 말만 들어도 막연하고 어디서부터 시작해야 할지 모르는 분들께 이 책을 추천합니다.

한 번쯤 딥러닝을 공부해보고 싶었으나 마땅한 입문 책을 찾지 못하였거나 기회를 갖지 못한 분들이 학습해 나가기 좋은 딥러닝 입문서입니다. 이 책은 딥러닝의 기반을 닦는 입문서입니다. 건물을 쌓아 올릴 때 든든한 기반부터 마련해야 하듯이 딥러닝을 처음 공부할 때 읽기 좋습니다.

이 책을 통해 공부하게 되면 인공지능에 대해 포괄적이고 깊게 이해할 수 있고, 딥러닝이 어떤 방식으로 연산을 하고, 움직이게 되는지 잘 이해할 수 있게 됩니다. 또한 목차당 마무리 정리와 연습 문제가 있어서 단순한 이론 수업에서 끝나는 것이 아닌 실습으로 실력을 증진할 수 있게 도와주는 책입니다.

이 책을 다 읽게 되면 4차 산업 혁명 시대에 인공지능이라는 말이 갖는 어려움과 두려움 없이 쉽고 능동적인 마음으로 접근할 수 있습니다. 캐글이라는 플랫폼을 이용해 복잡한 프로그램 설치 과정이나 본인의 고도의 컴퓨터 자원 없이 인공지능에 대해 구글 홈페이지를 켜듯이 편하게 접근할 수 있게 만든 것도 아주 큰 장점이라고 생각했습니다.

마치 대학교에서 교수님의 강의를 책 하나로 친절히 가르침 받는 느낌이라 좋았습니다.

양민혁

코딩을 모르지만 딥러닝을 이해하고 싶은 분들을 위해 잘 짜인 구조로 꼼꼼한 설명을 제공합니다. 쉽게 표현된 용어들과 설명으로 딥러닝을 시작하시려는 분들에게 추천드리는 책입니다.

▶▶ 목차

PART 1

인공지능이란

학습 목표

- 인공지능이란 무엇인가?
- 스스로 생각하고 판단하는 컴퓨터를 만드는 것은 가능한가?
- 머신러닝과 딥러닝은 무엇인가?
- 학습이란 무엇이며 어떻게 이루어지는가?

1 인공지능이란

이 장에서는 인공지능과 관련된 기본 용어와 의미를 알아본다.

인공지능의 기원과, 인공지능이 무엇인지를 살펴보고 인공지능으로 가능한 일들을 알아본다.

현재 인공지능의 주류인 머신러닝이 무엇인지 알아보고, 머신러닝과 딥러닝이 어떻게 다른지를 살펴본다.

머신러닝의 핵심 개념인 학습이 어떻게 이루어지는지 살펴보고 그 흐름을 소개한다.

파이썬 플랫폼인 캐글(Kaggle)에 대해 간단히 소개한다.

1. 인공지능: 데이터 분석을 위한 알고리즘

2010년대에 접어들면서 알파고, 구글 번역기, 자율주행 등 다양한 분야에서 인공지능이 부각되고 있다. 심지어 인공지능이 스스로 진화해 인류를 공격할 수 있는 상황까지 문제점으로 대두되고 있다. 이런 문제들은 아직 인공지능에 대한 이해가 부족해서 생기지만, 정작 인공지능이 무엇인지, 어떤 원리로 작동하는지에 대한 접근은 쉽지 않은 게 현실이다. 이번 절에서 인공지능이 무엇을 의미하는지 알아보고, 인공지능이 지금까지 어떻게 발달해왔는지를 간략히 살펴보도록 한다.

1.1 인공지능의 시작

인공지능(AI; artificial intelligence)은 인위적으로 만들어진 지능이라는 의미로, 인간이 가진 지적 능력을 구현하는 컴퓨터 시스템을 뜻한다. 초기 인공지능은 사람처럼 지각하고 학습하며 추론하는 지능을 갖춘 컴퓨터 시스템을 만들고자 하는 의도로 등장하였으며, 컴퓨터가 만들어지기 시작하던 1940년대부터 연구가 시작되었다. 하지만 이렇게 연구를 해왔어도 사람처럼 사고할 수 있는 컴퓨터 시스템을 만들기에는 과학적인 접근이 어려웠다.

과학의 대상은 정의가 가능하고 측량 가능한 것이어야 한다. 지능을 과학적으로 다루기 위해서는 우선 지각과 인식을 규정하고 측량 가능한 지표가 있어야 한다. 하지만 지각과 인식은 아직도 과학적으로 규정되기 힘든 개념이며, 최근에서야 물리학에서 지각의 주체인 의식이 무엇인가를 규정하려는 시도가 있는 정도이다. 그래서 지능 자체를 구현하는 것은 아직 과학적 대상이 되기 어렵다.

또한, 사람이 지각하고 학습하고 추론하는 지능을 과학적으로 표현한다는 것은 지금도 마찬가지지만 당시에도 매우 추상적인 개념이었다. 따라서, 당시 혹은 지금까지도 인공지능은 여전히 실제 구현과는 먼

개념이며, 과학적 대상이라기보다는 철학적이거나 몽상적인 대상으로 봐야 할 것이다.

1.2 인공지능의 유형

1980년 존 설(John R. Searle)이 그의 논문 'Minds, Brains, And Programs'에서 처음으로 인공지능을 강인공지능(Strong AI)과 약인공지능(weak AI)으로 분류하는 것을 소개했다. 강인공지능을 인간의 마음을 복잡한 정보 처리로 구현한 것으로, 약인공지능을 단순히 인간의 능력 일부를 시뮬레이션하거나 그런 작업을 목적으로 하는 것으로 정의했다. 이러한 정의는 다분히 철학적인 면이 있는 분류 방식이었지만, 기존의 인공지능이 가진 혼란을 조금이라도 줄여주는 역할을 하였다.

여기서 말하는 강인공지능이 1.1 인공 지능의 시작에서 설명한 사고 능력을 지닌 시스템이란 의미로, 범용인공시능(AGI: Artificial General Intelligence)이라고도 한다. 약인공지능은 인간의 지능으로만 할 수 있던 일을 컴퓨터 작업으로 수행하는 것을 의미하며, 지능이 있는 컴퓨터 시스템이 아닌 유용한 도구로서의 의미를 지니는 인공지능 개념이다. 우리가 다룰 수 있고 다루고자 하는 인공지능의 의미도 도구로서의 인공지능인 약인공지능이다.

선형 회귀, 이미지 분류, 자연어 처리 등 최근 많이 사용되는 기법들을 살펴보면, 이들은 주어진 데이터를 적절한 방법으로 처리하는 알고리즘(algorithm) 또는 프로그램(program)이다. 이런 알고리즘을 포괄하는 머신러닝과 딥러닝 또한 데이터 처리 알고리즘에 해당된다. 이것을 인공지능의 한 분야로 본다면, 지능을 갖춘 컴퓨터 시스템인 강인공지능의 의미가 아닌 인간의 지능을 대신해 처리해주는 도구인 약인공지능(weak AI)의 의미가 될 것이다.

인공지능이라 하면 스스로 생각하고 판단하는 컴퓨터라는 의미로 생각할 수 있는데, 실제로 지금까지 사용되고 구현된 인공지능은 데이터 분석을 돕는 알고리즘이다.

세간에 사용되고 있는 인공지능이라는 용어는 현실과는 거리가 먼 강인공지능의 의미와 도구로서의 알고리즘의 의미인 약인공지능 모두를 혼용해서 사용하고 있기에 혼란을 줄 수도 있다. 이 책에서 사용하는 인공지능이라는 용어가 데이터 분석을 위한 알고리즘인 약인공지능의 의미로 한정하며, 약인공지능에서 사용하는 알고리즘의 의미로 대표되는 것이 머신러닝과 딥러닝이다.

2. 머신러닝과 딥러닝

앞 절에서 살펴본 바와 같이 우리가 다루는 인공지능은 데이터 분석을 위한 알고리즘이다. 이러한 알고리즘 중에서 별도의 규칙이 주어지지 않고 알고리즘 자체에서 규칙을 생성하는 기법을 머신러닝이라 한다.

이전의 전문가 시스템에서는 사람이 직접 규칙을 정하고 코드로 입력하는 과정을 거쳐야 하지만, 머신러닝에서는 입력 데이터와 결과(레이블)만 주면 규칙은 알고리즘 자체에서 학습을 통해 설정된다. 이 부분이 여타 인공지능 기법과 다른 머신러닝의 특징이다. 머신러닝과 원리는 같지만 더 복잡한 학습과정을 거치는 것이 딥러닝이다.

[그림 1-1]에서 보듯이 머신러닝은 인공지능의 한 분야로 출발했지만, 근래에는 머신러닝이 인공지능의 대부분을 차지하고 있다. 딥러닝은 머신러닝의 한 분야이면서 독자적인 분야이기도 하다. 이 책에서 다루는 머신러닝은 딥러닝 분야를 제외하면, 딥러닝을 설명하고 딥러닝을 이해하기 위해 필요한 과정인 선형 회귀와 선형 분류 정도이다. 딥러닝 분야를 이해하려면 기본적으로 선형 모델을 이해할 필요가 있다. 딥러닝은 이 선형 모델 여러 개를 잘 조합한 것으로 볼 수 있다. 또한 딥러닝에서는 주로 이미지 데이터와 sequence 데이터를 다룬다. 이미지 데이터를 다루는 컴퓨터 비전 분야는 주로 이미지 분류, object detection 등의 용도로 사용되고 있다. 동일한 기법이 자율주행에도 활용되며, 선형 모델 및 신경망 모델, CNN 모델 등이 사용된다. 그리고 시계열, 자연어 등의 sequence 데이터를 다루는 분야로 자연어 처리(Natural Language Processing) 분야가 대표적이며, 기본이 되는 딥러닝 모델은 RNN(Recurrent Neural Network) 모델이다. 더 나아가 이 RNN 모델을 개선한 LSTM, GRU 모델 등이 사용되고 있다. 근래에는 RNN 부분을 보정한 Attention Mechanism과 RNN 부분을 아예 제외시킨 Transformer 모델 등의 새로운 기법들이 개발되고 있다.

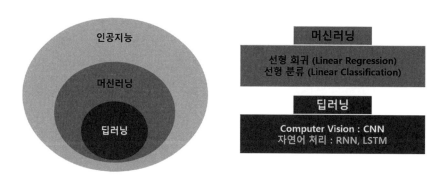

[그림 1-1] 인공지능 분류

2.1 데이터 분석: 특성 추출

특정한 데이터의 특성을 추출하는 것이 데이터 분석의 핵심이다. 보통의 데이터 분석은 데이터의 경향성과 평균 분산과 같은 통계치를 살펴보며 데이터의 특성을 추론한다. 예를 들어 어떤 이미지가 고양이인지를 판단하기 위해서는 고양이의 특성을 정의해야 한다. 털의 색과 질감, 눈의 색과 밝기, 귀, 코 등의 생김새, 크기 등으로 고양이를 판별하기 위한 특성을 정의하고 나서, 주어진 이미지가 특성과 얼마나 일치하는지를 판별해 고양이인지 아닌지를 판단할 수 있다. 머신러닝 이전의 데이터 분석은 사람이 분석 과정을 직접 설계하고 특성 등과 같은 규칙을 정하고, 분석 처리 과정까지 직접 코딩해 특성을 추출하였는데, 설계에 포함되지 않은 숨은 특성은 파악할 수도 없을뿐더러, 그런 특성이 있는지도 전혀 알 수 없었다.

2.2 머신러닝

머신러닝은 기본적으로 데이터를 분석하는 알고리즘이다. 머신러닝 이전의 프로그램은 데이터에서 특성을 추출하는 과정을 직접 설계하고 코딩해 결론을 추론하는 방식이었다. 반면 머신러닝은 입력 데이터와 결과(정답)만 입력하면 학습을 통해 데이터의 특성이 가중치(매개변수)로 설정되고, 설정된 가중치를 바탕으로 새로운 데이터를 입력해 예측이나 판단을 하는 알고리즘이다. 이는 특성 추출을 직접 하는 것이 아닌, 알고리즘이 자동으로 특성을 추출하는 것이다. 즉, 머신러닝은 기존의 데이터와 결과를 입력해 특성을 추출하는 알고리즘이다. 이렇게 알고리즘으로 특성을 추출함으로써 기존의 특성 추출을 위한 엄청난 노동력을 획기적으로 줄여주는 결과를 가져왔다. 또한 특성을 직접 추론하거나 설계하는 것이 아니라 알고리즘에서 직접 추출하는 것이기에 결과를 쉽게 관찰할 수는 있지만, 어떤 과정으로 결과가 나왔는지는 알기 어려운 단점이 있다. 이런 문제를 설명 가능성(explainability)라고 한다.

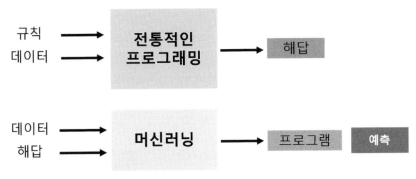

[그림 1-2] 머신러닝과 프로그램의 차이

2.3 딥러닝

딥러닝은 머신러닝의 한 분야이면서 고전적인 머신러닝과는 확연히 구분되는 새로운 영역으로 볼 수 있다. 머신러닝의 알고리즘이 단층적인 구조를 가지고 있는 데 비해 딥러닝은 다층적인 구조를 가졌다는 것이 가장 큰 차이이다. 딥러닝은 다층 신경망과 오류역전파 기법이 가능해지면서 구현되었다. 딥러닝은 여러 층의 비선형 변환기법(활성화 함수)을 조합하는 방식으로 높은 수준의 추상화 구현을 시도한 기법이기도 하다.

머신러닝을 위해서는 여러 가지 추론과 다양한 수학적 접근이 필요하지만, 딥러닝은 층이 깊어지며 복잡해지는 모델에 비해 작용하는 원리는 신경망을 반복적으로 응용한 수준이다. 그렇기에 딥러닝을 이해하기 위해 필요한 수학 지식으로는 행렬 계산(내적)과 미분 개념 정도로 충분하다. 행렬 계산은 신경망의 가중치(행렬의 성분) 계산에 사용되며, 미분은 최적화 과정에서 사용된다.

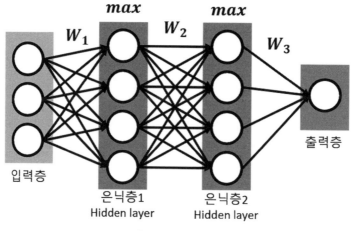

[그림 1-3] 신경망

2.4 머신러닝과 딥러닝의 차이

머신러닝은 정형화된 데이터를 처리하는 데 유용하며 딥러닝은 인간의 지각(시각, 소리, 언어)과 관련된 데이터를 처리하는 데 유용하다.

[그림 1-4] 머신러닝과 딥러닝 차이

딥러닝은 머신러닝의 한 분야로 특성 추출을 위한 규칙을 사람이 설정하지 않고 알고리즘 자체에서 학습을 통해 생성하는 면에서는 머신러닝과 동일하다. 하지만 실제 내부에서 작동하는 원리는 기존의 고전적인 머신러닝(예: 랜덤 포레스트)과는 달리 행렬 계산과 미분 계산으로 이루어진다. 머신러닝은 하나의 층으로 되어 있고 하나의 알고리즘으로 작동하는 반면, 딥러닝은 여러 층을 쌓아 전체 코드를 실행시킴으로써 각각의 층을 직접 설계할 수 있다.

그렇기에 딥러닝을 배우는 과정은 고전적인 머신러닝과는 많이 다를 수밖에 없다. 이 책에서는 딥러닝의 시작이라 할 수 있는 가장 단순한 형태인 선형 모델에서부터 출발한다.

이 책에서는 머신러닝의 의미를 학습을 의미할 때는 딥러닝을 포함한 포괄적인 의미로 사용하며, 랜덤 포레스트와 같은 알고리즘을 의미할 때는 딥러닝과는 별개의 의미로 사용한다. 또한, 딥러닝과 의미상 혼동될 우려가 있을 경우에는 머신러닝 대신 고전 학습(classical learning)이란 용어를 사용하겠다.

3. 머신러닝 과정

이 절에서는 머신러닝이 어떤 과정을 통해서 최적화가 이루어지는지 살펴본다. 머신러닝 과정은 학습을 통해 최적화가 이루어지는 과정을 의미한다.

머신러닝 과정은 한마디로 데이터를 학습시키는 과정이다. 학습을 위해 데이터를 처리하고, 학습에 맞는 모델을 설정하고, 학습을 통해 모델의 가중치를 최적화하며, 학습된 모델을 사용하여 예측하는 과정이다.

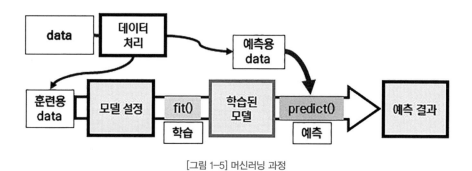

[그림 1-5] 머신러닝 과정

3.1 머신러닝 과정 개요

머신러닝 과정은 데이터 처리, 모델 설정, 학습, 예측의 단계로 이루어진다.

- 데이터 처리: 분석에 필요한 데이터를 수집하고 사용에 적합한 형태로 처리하는 과정이다. 데이터는 학습을 위한 학습용 데이터와 평가와 예측을 위한 평가용 데이터로 분류된다. 또한 데이터를 학습에 적합하도록 입력 값의 범위를 조절해주는 전처리 과정이 필요하다.
- 모델 설정: 데이터와 목적에 맞는 모델을 선택한다.
- 학습: 설정한 모델의 가중치를 최적화시키는 과정이다.
- 예측: 학습된 모델에 새로운 데이터를 입력해 결과값을 예측한다.

머신러닝 과정은 선택한 모델을 최적화하는 과정이 핵심이다.

어떤 목적으로 데이터를 사용할지 정해지면, 데이터에 따른 적합한 모델을 정할 수 있다. 모델을 최적화 시키는 과정을 학습이라 한다. 이렇게 학습된 모델을 사용해 새로운 데이터에 대해 예측할 수 있다.

(a) 데이터의 중요성

머신러닝은 하나의 알고리즘으로, 그 자체로 결과를 내는 것이 아니다. 알고리즘은 데이터의 특성을 반영하는 것이기에 학습에 결정적인 영향을 주는 것은 기본적으로 데이터라 할 수 있다. 알고리즘은 단지 주어진 데이터에 맞춰서 최적화할 뿐이다. 만약 데이터에 이미 편향성이 있다면 그 결과는 알고리즘과 무관하게 편향적일 수밖에 없다. 머신러닝은 어디까지나 데이터의 내용을 반영해 특성을 추출하는 알고리즘일 뿐이기에 예측하지 못했던 데이터의 편향성도 결과에 그대로 반영된다. 그러므로 알고리즘 자체에 대해 중립성을 논의하는 것은 무의미하다.

(b) 학습이란

머신러닝 과정에서는 주어진 모델을 설정하면 모델 자체에 매개변수(parameter) 또는 가중치(weight)가 자동적으로 설정된다. 보통 새로운 것을 배우는 과정을 학습이라 하는데, 머신러닝에서의 학습이란 설정된 매개변수를 데이터와 결과(레이블)에 최적화시켜 가는 과정을 의미한다.

특히 딥러닝에서는 주어진 모델들이 행렬로 결정되며, 결국 학습은 이 행렬의 성분들을 데이터와 결과에 최적화시킴으로써 가장 적합한 행렬의 성분을 찾는 과정이다. 즉, 행렬의 성분이 주어진 데이터와 결과(해답)에 잘 맞도록 행렬의 성분을 최적화해서 가장 적합한 성분의 값을 구하는 과정이다.

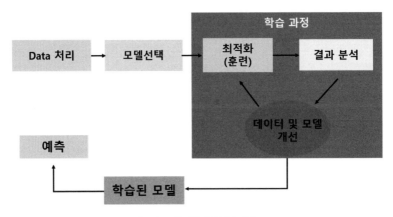

[그림 1-6] 머신러닝 학습과정

(c) 레이블(label)

레이블은 데이터의 참값이라 할 수 있다. 고양이 이미지라면 고양이가 레이블이 된다. 보통 레이블은 숫자 형태로 저장된다. 예를 들어 고양이와 강아지 이미지를 분류하는 문제라면 고양이는 0, 강아지는 1로 레이블이 설정된다. 점수를 예측하는 회귀 문제에서는 각 입력 데이터에 대한 해당 점수가 레이블이 된다. 기계 번역의 경우 입력된 문장('I love you')에 대응하는 문장('나는 너를 사랑해')이 레이블이 된다.

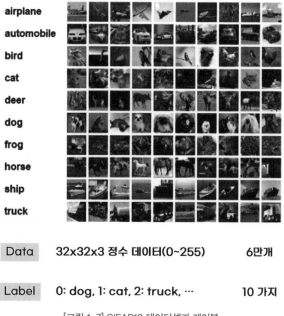

| Data | 32x32x3 정수 데이터(0~255) | 6만개 |
| Label | 0: dog, 1: cat, 2: truck, ... | 10 가지 |

[그림 1-7] CIFAR10 데이터셋과 레이블

3.2 학습의 종류

머신러닝에서 학습 방법은 데이터의 형태와 레이블의 유무에 따라 지도학습, 비지도학습, 강화학습으로 나뉜다.

(a) 지도학습(Supervised Learning): 데이터와 데이터에 대한 레이블이 주어진 데이터셋을 이용한 학습으로 최적화가 용이하다. 회귀, 이미지 분류, 자연어 처리 등 대부분의 경우 지도학습이다.

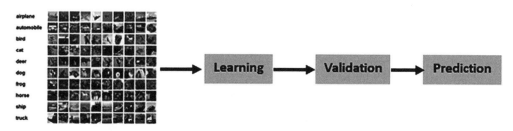

[그림 1-8] 지도학습 (이미지 출처: https://www.cs.toronto.edu/~kriz/cifar.html)

(b) 비지도 학습(Unsupervised Learning): 데이터에 대한 레이블이 없는 데이터셋을 이용한 학습으로, 주로 클러스터링처럼 데이터의 숨겨진 특징이나 구조를 발견하는 데 쓰인다.

[그림 1-9] 비지도 학습: clustering

(c) 강화학습(Reinforcement Learning): 주어진 환경(environment)에서 행동(action)을 취하고 그 결과에 대한 보상(reward)을 얻는 방식을 반복적으로 실행해 보상이 최대가 되도록 학습시키는 알고리즘이다. 이 방식이 사용된 알파고로 인해 유명해졌으며, 슈퍼마리오, 스타크래프트 등의 게임을 학습시키는 알고리즘으로 잘 알려져 있다.

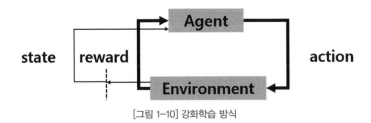

[그림 1-10] 강화학습 방식

다음은 강화학습을 적용해 경로를 찾아가는 경우를 예시로 든 그림이다. 시행착오를 통해 정보를 수집하고 최종적으로 최적의 경로를 찾는 과정이다.

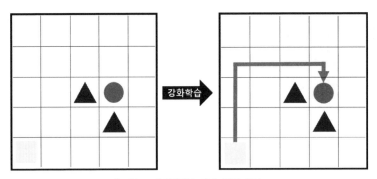

[그림 1-11] 강화학습 예제: 경로 찾기

이 책에서 다루는 모든 문제는 데이터와 레이블이 같이 주어진 데이터셋을 사용하는 지도학습의 범주에 속한다.

3.3 문제분류

해결하고자 하는 문제에 대한 모델을 설정하기 위해 어떤 종류의 문제인지를 분류하는 과정이다. 문제에는 실수값을 예측하는 회귀(regression) 문제와 class 분류에 사용되는 분류(classification) 문제가 있다.

(a) 회귀 문제(regression): 선형 회귀 문제처럼 주어진 데이터에서 특정한 값을 계산해내는 문제로 최종적인 출력값은 실수값이다.

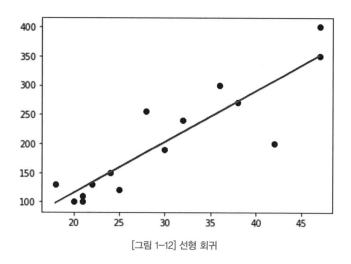

[그림 1-12] 선형 회귀

(b) 분류 문제(classificaton): 이미지 분류 문제처럼 데이터의 레이블이 여러 class로 지정되어 있을 때, 입력 데이터의 class가 무엇인지 맞히는 문제이다. 최종 출력값은 실수가 아닌 벡터 형태이다.

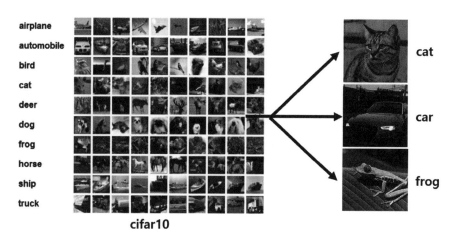

[그림 1-13] 분류 문제 (이미지 출처: https://www.cs.toronto.edu/~kriz/cifar.html)

다만, 이진 분류의 경우는 최종 출력값은 하나이고 확률로 0, 1을 분류하기 때문에 문제의 종류는 분류 문제이지만 실제 처리는 로지스틱 회귀로 처리된다. (Part 2 참조)

3.4 딥러닝 분야

일반적으로 학습이 이루어지는 알고리즘 전체를 머신러닝이라 한다. 딥러닝은 그중에서 층이 여러 개인 알고리즘을 일컫는 용어이다. 머신러닝에서 딥러닝을 제외한 부분을 고전 학습(classical learning)이라 하며, 보통 딥러닝을 제외한 머신러닝을 다룰 때 소개되는 랜덤 포레스트(Random Forest)나 부스팅(Boosting) 알고리즘이 이에 해당된다. 이런 고전 알고리즘은 대체로 앙상블 기법(Ensemble Method)을 같이 사용한다. 앙상블 기법은 여러 방식의 알고리즘을 사용하여 학습시킨 후 예측한 결과를 취합해 평균값을 취하는 방식으로 성능을 향상시키는 기법이다. 이 앙상블 기법은 딥러닝 등 다른 분야에도 충분히 활용될 수 있다.

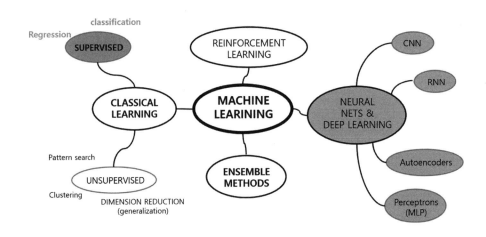

[그림 1–14] 머신러닝 / 딥러닝 분야

4. Kaggle 소개

이 절에서는 머신러닝, 딥러닝 코딩에 주로 사용되는 python 언어에 대해 간략히 소개해본다. 또한 python 코딩을 위해 사용되는 플랫폼을 알아보고, 실습에서 주로 사용할 kaggle에 대해 소개하도록 한다.

4.1 Python 소개

프로그래밍 언어에는 크게 컴파일 방식과 인터프리터 방식의 언어가 있다. 파이썬은 인터프리터 방식의 언어이다. 인터프리터는 작성된 코드를 한 줄씩 순서대로 해석하고 실행한다. 반면 컴파일 방식은 텍스트로 작성된 소스 코드를 기계어로 번역해 실행하는 방식이다. 인터프리터 방식은 코드를 작성된 부분까지 실행해서 확인해볼 수 있으며, 오류 확인도 간단하다.

파이썬은 코드가 간결하고 사람의 언어에 가까운 고급 수준(high-level) 언어이다. 파이썬 코드는 들여쓰기로 블록을 구분하므로 가독성이 좋으며 코드를 구분하기도 쉽다. 또한 파이썬은 객체와 객체 사이의 상호관계를 중심으로 작성되는 객체지향 언어이다. 그래서 객체를 표현하거나 객체 간의 상호작용을 작성할 수 있는 방법을 제공하고 있다. 객체지향성은 프로그램 모듈화, 코드 재사용, 유지보수가 용이하며, 체계적으로 프로그램을 작성할 수 있도록 해준다.

파이썬의 이러한 특징으로 오픈 소스 개발을 촉진시킴으로써 다양하고 많은 무료 오픈 소스들이 공개됐다. 이러한 오픈 소스들로 하여금 파이썬의 사용을 촉진시키고 있다.

대표적으로 tensorflow, keras, pytorch, scikit learn 등의 머신러닝과, 딥러닝 프레임워크나 numpy, padas, matplotlib 등의 라이브러리가 오픈 소스로 제공되고 있다.

(a) Python 함수(function)와 클래스(class)

Python 언어에서 함수는 하나의 기능을 가진 코드의 집합으로 함수를 사용할 때는 함수를 호출한다. 함수는 def 문을 사용해 정의하고 function()처럼 호출하며, 괄호 안에 지정된 인수를 입력해 사용한다.

클래스는 동일한 함수를 별도로 여러 번 실행할 수 있도록 만들어진 것으로, 클래스 호출은 새로운 함수를 지정하는 것과 같은 역할을 한다. 클래스는 class 문을 사용해 정의하며, ex1=class.function(), ex2=class.function() 형식으로 함수를 호출해 사용한다.

──────────────◀ 혼자 정리하는 딥러닝 ▶──────────────

class와 클래스

분류 문제에서 class는 레이블의 종류를 나타내는 의미다. 함수와 클래스(class)에서 사용되는 클래스는 코딩에서 사용되는 용어로 코딩에서의 함수의 의미다. 같은 단어이므로 이 책에서는 분류를 뜻하는 의미일 때는 class를 사용하고, 함수를 뜻하는 용어는 클래스를 사용하겠다.

(b) Python 프레임워크

Python 언어는 객체지향적인 특성으로 여러 공유 라이브러리들이 존재한다. 이러한 라이브러리들은 하나의 체계를 가지고 있으며, 그 단계에 따라 모듈, 패키지, 라이브러리, 프레임워크로 구분된다.

- 모듈(module): 함수 정의, 전역 변수, 클래스(class)를 모아 놓은 파일로, 실행 가능한 코드를 포함할 수도 있으며 .py 확장자로 표현된다.
- 패키지(package): 모듈을 모아 놓은 것이다. 도트(.)를 사용해 모듈을 계층적으로 사용할 수 있도록 한다. init.py를 반드시 포함한다. 예) numpy.median()
- 라이브러리(library): 패키지를 모아 놓은 것이다. 예: pandas, numpy, matplotlib 등
- 프레임워크(framework): 라이브러리를 모아 놓은 것이다. 프로그램의 아키텍처(architecture)가 된다.

[그림 1-15] 파이썬 프레임워크

라이브러리와 프레임워크의 차이는, 우리가 프로그램을 만들 때 세부적인 내용을 라이브러리가 채워주는 역할을 하며, 작성한 프로그램의 세부 내용을 우리가 프레임워크를 통해 만들게 되는 것으로 이해할 수 있다.

(c) Python 플랫폼

Python 코딩을 위해서는 core에 해당되는 python 프로그램과 편집기(notebook)가 필요하다. Python 프로그램은 python.org 사이트에서 무료로 제공하고 있으며, 코딩을 하려면 코딩용 편집 프로그램이 별도로 필요하다. 주로 사용되는 코딩용 프로그램에는 pycharm, vs code 등이 있다.

이러한 python 프로그램과 코딩용 프로그램 등을 묶어서 제공해주는 것이 python 플랫폼이다. 잘 알려진 플랫폼에는 아나콘다(anaconde), 구글 코랩(Google Colab), kaggle 등이 있다.

• 아나콘다(anaconda):

[그림 1-16] 아나콘다

python 기반으로 만들어진 데이터 분석에 필요한 오픈소스를 모아 놓은 플랫폼이다. 직접 컴퓨터에 설치해서 사용한다. 편집은 보통 아나콘다 환경을 웹에서 사용할 수 있도록 연결해주는 jupyter notebook을 사용하며, 아나콘다에 포함되어 있다.

• 구글 코랩(Google Colab):

[그림 1-17] 구글 코랩

구글에서 제공하는 웹 기반의 파이썬 개발 플랫폼이다. 구글 계정과 연동되며, GPU, TPU도 지원된다. 단, 한 세션의 유지시간이 12시간으로 제약되어 있다. 자신의 구글 드라이브 데이터를 활용할 수 있으며,

웹 기반이므로 자신의 컴퓨터 자원을 소모하지 않는다. Colab notebook이 기본적인 편집기로 사용된다.

• 캐글(kaggle):

[그림 1-18] 캐글(kaggle)

데이터 분석 및 머신러닝 분야의 학습 및 경진대회를 위한 웹 기반의 플랫폼이다. 별도의 설치 없이 가입만으로 사용 가능하며, python, R 등을 지원한다. 캐글에서 개최되는 경진대회에 참여할 수 있으며, 공유되어 있는 데이터셋도 활용이 가능하다. 기본적으로 notebook 환경을 제공한다. GPU는 최소 30시간/5일로 지원되며, 웹 기반이므로 자신의 컴퓨터 자원을 소모하지 않는다.

4.2 캐글 사용법

캐글 사이트를 이용하기 위해서는 우선 회원가입을 해야 한다. 또한 GPU를 사용하기 위해서는 핸드폰 인증이 필요하다.

캐글에는 데이터 경진대회를 위한 Compete 항목, 공유되어 있는 여러 데이터와 자신의 데이터를 저장하는 Data 항목, 코딩을 위한 Code 항목, 문의와 토론, 소통을 위한 Communities 항목, 그리고 학습 컨텐츠를 제공해주는 Courses 항목 등으로 구성되어 있다.

[그림 1-19] 캐글의 항목들(kaggle.com)

(a) 노트북 생성: 코딩을 위한 노트북을 만들기 위해서는 Code 항목을 클릭해 +New Notebook 항목을 클릭하면 새로운 노트북이 만들어진다. 경진대회와 같이 데이터를 미리 포함해 노트북을 만들고자 할 때는 해당 경진대회 페이지나 Data 항목으로 들어가 가로 메뉴 항목에서 Code를 클릭해 New Notebook을 클릭하면 된다.

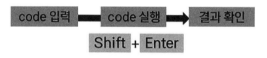

[그림 1-20] 노트북 생성

(b) 코드 실행: python 언어를 사용하는 모든 노트북에서, 해당 칸에서의 코딩을 실행하려면 Shift + Enter 를 입력한다.

```
code 입력 ━━ code 실행 ━▶ 결과 확인
        Shift + Enter
```

[그림 1-21] 코드 실행 및 결과 확인

(c) 라인추가: 코딩을 위한 라인을 추가할 때는 +Code를 이용한다. 주석을 위한 라인 추가는 +Markdown을 이용한다.

Code　　　　코드 작성용 라인

Markdown　　메모용 라인

[그림 1-22] 라인 추가

(d) 파일 관리: File 메뉴의 Open Notebook을 이용해 기존 파이썬 파일을 업로드해 편집할 수 있으며, Download로 파이썬 파일을 저장할 수 있다.

[그림 1-23] 파일 업로드 및 다운로드

(e) 데이터불러오기: Notebook상에서 데이터를 불러올 때는 오른쪽 위에 있는 Data의 + Add data를 클릭하면 데이터 관리 창이 뜬다. 여기서 필요한 데이터를 찾아 Add를 클릭하면 데이터가 추가된다.

[그림 1-24] 데이터 불러오기

(f) 데이터 업로드 : 자신의 데이터를 업로드하고자 할 때는 위 데이터 불러오기에서 사용한 +Add data 를 클릭하면 뜨는 관리 창에서 Upload를 클릭하면 데이터 업로드용 창이 뜬다. 필요한 정보를 입력하고 데이터를 업로드하면 등록이 완료된다. 다른 방법으로는 사이드 메뉴에서 Data를 클릭하면 +New Dataset와 Your Work를 확인할 수 있다. 새로운 데이터를 업로드할 때는 +New Dataset를 클릭하면 업로드용 창이 뜨고, 기존에 업로드한 자신의 데이터셋을 보고자 할 때는 Your Work를 클릭하면 확인할 수 있다.

지금까지 캐글 사용에 필요한 간단한 기능들을 살펴보았다. 실제 코딩에서는 python의 딥러닝 프레임워크인 keras를 주로 사용하기로 한다.

이번 장의 마무리

■ 인공지능에는 인간처럼 사고능력을 지닌 컴퓨터 시스템을 뜻하는 강인공지능과 데이터 처리를 위한 분석 알고리즘을 뜻하는 약인공지능이 있다. 강인공지능은 현재로선 공상 영화 등에 등장하는 수준이며, 현재 사용되는 인공지능은 약인공지능이다.

■ 머신러닝은 인공지능의 한 분야로 데이터와 레이블(결과값)로 중간 과정인 모델을 만들어 새로운 데이터에 대한 레이블을 예측하는 알고리즘이다. 머신러닝보다 복잡한 층으로 설계된 것이 딥러닝이다.

■ 머신러닝 과정은 데이터 처리, 모델 설정, 학습(최적화), 예측의 과정으로 진행된다.

학습에는 레이블이 있는 데이터로 레이블을 추정하는 지도학습, 레이블이 없는 데이터로 데이터의 구조나 분포 등을 예측하는 비지도학습, 그리고 반복적인 행위를 통해 보상을 최대로 만드는 강화학습이 있다.

■ 머신러닝의 문제 종류에는 실수값을 예측하는 회귀 문제와 class를 예측하는 분류 문제가 있다.
딥러닝에는 선형모델을 결합해 만들어진 신경망 모델과 합성곱을 활용한 CNN 모델, 그리고 sequence를 적용한 RNN 모델 등이 있다.

◀ 혼자 정리하는 딥러닝 ▶

딥러닝 작업에 필요한 라이브러리

딥러닝 학습에는 주로 keras 프레임워크를 사용할 것이다. 딥러닝 과정에는 학습 이외에도 데이터 전처리, 시각화 등 여러 도구들이 필요하다. 이러한 과정에 주로 사용되는 라이브러리를 소개한다.

• Pandas : 문서 파일 입출력을 위한 라이브러리로 데이터 편집 및 통계, 그래픽 툴 등을 지원한다. 데이터 전처리에 필수적인 라이브러리이다. pandas.pydata.org에서 다운로드 받을 수 있다.

[그림 1-T1] pandas 소개

- Numpy : 행렬 계산에 특화된 라이브러리로 딥러닝에서 행렬을 계산할 때 필수적인 라이브러리다. 사이트는 numpy.org이다.

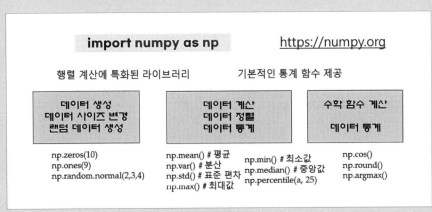

[그림 1-T2] numpy 소개

- Matplotlib: 데이터 시각화 라이브러리로 그래프를 그릴 때 필수적인 라이브러리다. 사이트는 matplotlib.org이다.

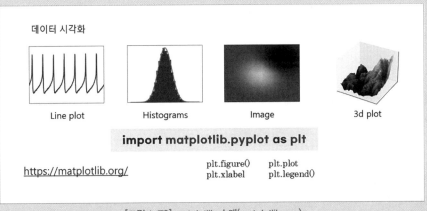

[그림 1-T3] matplotlib 소개(matplotlib.org)

연습 문제

[1~7] 다음 괄호 안에 들어갈 적절한 용어는 무엇인가요?

1 인공지능의 종류는 사람처럼 지각 및 학습하고 추론하는 지능을 갖춘 컴퓨터 시스템을 의미하는 (   )이 있고, 데이터 처리를 위한 알고리즘으로 인간의 지능으로만 할 수 있던 일을 컴퓨터 작업으로 수행하는 알고리즘이란 의미로 사용되는 (   )이 있다.

2 머신러닝 모델을 설정한다는 것은 모델에 정의되어 있는 (   )의 개수를 설정하는 것이다. 이것은 학습을 통해 최적화되는 값으로 매개변수라고도 한다.

3 머신러닝의 핵심과정으로 주어진 매개변수를 미분을 통해 최적화해 매개변수를 새롭게 업데이트하는 과정을 (   )이라 한다.

4 머신러닝을 통해 예측하는 값으로 학습을 통해 예측한 결과값도 (   )을 예측하는 과정이다. 각각의 데이터마다 하나의 값 또는 벡터로 주어져 있다.

5 입력 데이터와 각각의 레이블이 같이 주어진 데이터셋으로 학습하는 방법으로 주로 결과값을 예측하는 데 사용하는 학습방법을 (   )이라 한다.

6 레이블 없이 데이터만으로 학습하는 방법으로 주로 데이터의 숨겨진 특성이나 구조를 찾는 데 사용하는 학습방법을 (   )이라 한다.

7 머신러닝과 달리 여러 개의 층으로 이루어진 학습 모델을 통칭해 (   )이라 한다.

실습 예제

1 OR 회로 함수로 구현하기

```python
def OR(x1, x2):
    a1, a2, b = 0.3, 0.3, 0.4
    delta = 0.5
    y = a1*x1+a2*x2+b
    if y< delta:
        return 0
    else:
        return 1

OR(0, 0), OR(0, 1), OR(1, 0), OR(1, 1)   # 0, 1, 1, 1
```

◀ 혼자 정리하는 딥러닝 ▶

위 코드에서 a1, a2, b의 값은 OR(0, 0), OR(0, 1), OR(1, 0), OR(1, 1)의 값이 각각 0, 1, 1, 1이 되도록 하는 값이면 된다. 즉 특정한 값이 정해져 있는 것이 아니라 조건을 만족하는 값이면 된다.

심화 문제

1 AND 회로 함수를 만들어보세요. (OR 회로 참조)

AND(0,0), AND(0,1), AND(1,0), AND(1,1) 값을 구해 진리표를 확인하세요.

2 아래 [Tip4]에서 [그림 1-T5]의 XOR 회로를 이용해 XOR 회로를 구현하고 진리표를 확인하세요.

━━━━◀ 혼자 정리하는 딥러닝 ▶━━━━

XOR 회로 구현

XOR 회로는 배타적 논리합(Exclusive OR)을 의미하는 논리 회로이다. 이 회로의 계산은 입력값이 서로 같으면 참(1), 다르면 거짓(0)을 출력한다. 기본적인 논리 연산인 OR, AND, NAND(AND의 부정)는 선형 모델로 퍼셉트론으로 구현이 가능하다.

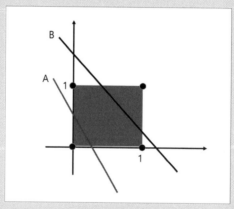

[그림 1-T4] OR 회로와 AND 회로의 선형 모델 도식

위 그림은 직선과 입력값(0, 0), (0, 1), (1, 0), (1, 1) 사이의 관계로 회로를 설명하고 있다. 직선 아래에 있는 입력값의 출력은 거짓(0)이 되며 직선 위는 참(1)이 된다.

OR 회로는 두 입력값 중 하나만 참(1)이어도 참(1)이 되는 회로이다. OR 회로는 A 직선으로 설정하면 제대로 작동한다. A 직선을 $y=ax+b$라 하면, 각각의 진리표에 해당되는 점 (0, 0), (0, 1), (1, 0), (1, 1)에서의 출력값이 각각 0, 1, 1, 1이 되면 된다. 여기서 출력값이 0인 것은 직선보다 아래에 있는 것으로 표현되고(즉, 직선의 출력값보다 작다), 출력값 1은 직선보다 위에 있으면 된다. 이런 원리로 직선 A를 설정하면 된다. [실습 예제]에서 이것을 python 함수 형태로 구현해보았다.

마찬가지로 AND 회로의 경우는 직선 B로 판별이 가능하다.

XOR 회로는 배타적 OR 회로로 그 진리값은 다음 표로 나타낼 수 있다.

XOR 게이트의 진리표

X	Y	X XOR Y
T	T	T
T	F	F
F	T	F
F	F	T

이러한 회로는 선형 모델로는 구현이 불가능하다. 하지만 AND, NAND, OR 회로의 조합으로 구현이 가능하다.

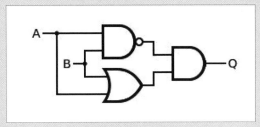

[그림 1–T5] XOR 회로

X XOR Y = (X OR Y) AND NOT(X AND Y) = (X OR Y) AND (X NAND Y)

이 회로를 퍼셉트론으로 구현한다면 선형 모델이 아닌 다층구조의 신경망이 된다.

memo

PART 2

딥러닝 흐름 잡기

학습 목표

• 딥러닝은 어떤 과정으로 학습될까?

• 학습을 진행하기 위해 필요한 것은 어떤 것들이 있을까?

• 딥러닝은 어떤 데이터를 다루는가?

• 딥러닝 모델의 종류는 어떤 것들이 있는가?

2 딥러닝 흐름 잡기

이 장에서는 딥러닝이 실제 어떤 과정을 통해 이루어지는지를 살펴보고 과정에 대해 개략적으로 감을 잡아보도록 한다.

딥러닝을 시작하기 위해 꼭 필요한 데이터 수집과 설계에 대해 살펴본다.

딥러닝을 통해 해결할 문제를 정의한 후, 문제를 분류하는 과정을 살펴본다.

딥러닝 학습 과정은 설정한 학습 모델이 손실을 정의하고 최적화하는 과정으로 진행된다. 이 과정들에서 필요한 것이 무엇이며 어떻게 진행되는지를 살펴본다.

마지막으로 학습된 모델에 새로운 데이터를 입력해 예측하는 과정을 살펴본다.

1. 딥러닝 과정

딥러닝을 계획하고 실행하기 위해서는 몇 가지 과정이 필요하다. 데이터를 기획 및 수집하는 사전 준비 단계, 학습 모델을 설정하고 학습하는 단계인 딥러닝 학습 단계, 학습 후에 검증을 통해 데이터와 학습 모델을 보강하는 분석과 보강 단계가 있다.

딥러닝 과정

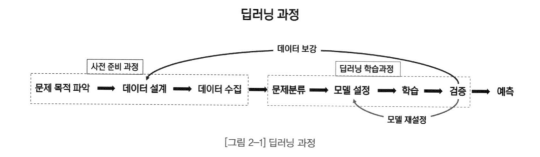

[그림 2-1] 딥러닝 과정

1.1 사전준비

딥러닝을 처음 계획하는 과정에서는 우선 어떤 문제를 해결하고자 하는지, 그리고 어떤 목적으로 딥러닝을 진행할지가 규정되어 있어야 한다. 목적이 규정되어야 문제 해결을 위해 수집할 데이터를 목적에 맞게 설계할 수 있다.

예를 들어 동물의 행동 패턴을 예측하는 딥러닝 모델을 만들고자 한다면 어떤 데이터가 행동패턴을 예측할 수 있는지를 파악해 수집할 데이터를 설계하고 데이터 수집 방법을 정한 뒤 데이터 수집에 들어간다. 딥러닝 특성상 정확히 어떤 데이터라 정의할 수 없는 부분이 있다. 따라서 활동 동영상, 특정 행동을 상징하는 데이터 등 필요한 목적을 반영할 수 있는 데이터를 설계한다. 수집할 데이터를 설계하면, 설계대로 데이터를 수집하고 레이블링을 한다. 데이터 기획 설계 및 수집 과정인 여기까지 딥러닝 학습을 위한 사전 준비 단계이다.

딥러닝을 배우는 교과 과정에서는 사전 준비 단계 없이 다음 단계인 수집한 데이터를 통한 딥러닝 학습으로 바로 진행된다. 하지만 현실 문제에 딥러닝을 적용하고자 할 경우에는 이 과정이 꼭 필요하다.

1.2 딥러닝학습

사전 준비 단계를 마친 후 데이터셋이 준비되면, 그다음 작업은 해결하고자 하는 문제의 유형을 파악하는 것이다. 이를 문제 분류라 하며, 문제 유형은 회귀 문제, 이미지 분류, 자연어 분류 등이 있다. 문제 분류가 완료되면 문제에 맞는 학습 모델을 설정한다. 데이터의 종류와 목적에 맞게 선형 모델에서 신경망, CNN, RNN 모델 등을 설정한다. 모델이 설정되면 구체적으로 손실 함수, 최적화 기법 등을 설정해 학습을 진행한다.

1.3 분석과보강

학습이 완료되면 검증을 통해 학습된 모델이 데이터에 맞는 결과를 도출하는지를 판단한다. 데이터 양은 부족하지 않은지, 데이터가 학습 모델과 적합한지 등을 판단해 데이터가 부적절하거나 부족한 경우는 데이터 설계 단계부터 다시 진행해 보강한다. 성능을 더 향상시키기 위해서는 학습 모델을 업데이트할 필요가 있다. 이 경우에는 모델 설정으로 돌아가 학습 모델부터 다시 설정한다.

이런 과정을 반복해 딥러닝 학습이 완성되면 최종적으로 학습된 모델에 평가용 데이터를 입력해 예측하게 된다. 이러한 과정들을 통해 딥러닝 과정이 완성된다. 사전 준비 과정은 딥러닝 실행 이전의 기획에 해당하며 딥러닝을 배우는 과정에서 다루는 딥러닝 문제는 대부분 이미 목적이 설정되어 있고, 데이터를 수집한 상태에서 시작한다. 이 점을 감안해 처음부터 문제를 설계할 때 참조해야 한다.

이제 이 과정들을 하나씩 자세히 알아보도록 하겠다.

2. 데이터 설계 및 수집

문제의 목적에 맞게 데이터를 설계하고 수집하는 과정은 딥러닝에서 학습하는 과정과는 다른 절차다. 대부분의 딥러닝 과정에서는 이미 주어진 데이터를 통해 딥러닝을 시작한다. 마찬가지로 이 책에서도 이미 주어진 데이터로 시작한다. 하지만 실제 딥러닝을 현실에 적용할 때는 데이터를 설계하고 수집하는 과정이 매우 중요하다. 여기서는 문제 설정과 그에 맞는 데이터 수집 과정 자체를 다루지는 않는다. 이미 주어진 데이터셋은 그런 과정을 거쳐서 수집된 것임을 참고하기 바란다.

딥러닝을 실행하기 위해 우선 학습에 필요한 데이터가 있어야 한다. 보통 딥러닝을 배우는 과정에서는 이미 수집되어 있는 데이터를 사용한다. 하지만 직접 새로운 문제 해결을 위해 딥러닝을 준비하고 있다면 주어진 문제 해결에 맞는 데이터를 수집해야 하는데, 데이터의 질도 중요하지만 데이터에 대한 레이블링을 잘하는 것도 중요하다.

2.1 데이터셋 Dataset

데이터를 수집해 레이블링까지 구비된 데이터를 데이터셋이라 한다. 여러 그룹에서 만들어 놓은 딥러닝 데이터셋이 있으며, 근래에는 인터넷 사이트나 플랫폼에서도 많은 데이터셋이 공급되고 있다. 데이터셋은 코드를 실행해 다운로드하거나 사이트 등에서 직접 데이터를 다운로드해 사용할 수 있다. 또한 직접 데이터셋을 만들어 사용하는 것도 가능하다.

대표적인 데이터셋으로 이미지 분류에 사용되는 CIFAR10, MNIST, Fashion MNIST 등이 있다.

데이터셋은 보통 학습용 데이터, 평가용 데이터로 구분되어 있으며, 각 데이터 모두에 레이블이 같이 저장되어 있다. 간혹 학습용, 평가용 구분이 없는 데이터가 있는데 이 경우는 데이터를 학습용과 평가용으로 분리해 사용한다. 구체적으로 데이터셋 예시들을 살펴보자.

(a) Iris_dataset: 붓꽃의 꽃받침 길이와 너비, 꽃잎 길이와 너비 데이터와 세 종류의 품종을 레이블로 갖는 정형화된 데이터셋으로 품종별로 50개의 데이터, 총 150개의 데이터로 구성되어 있다. 머신 러닝 학습용으로 주로 사용된다.

	x1	x2	x3	x4	y
0	5.1	3.5	1.4	0.2	0
1	4.9	3.0	1.4	0.2	0
2	4.7	3.2	1.3	0.2	0
3	4.6	3.1	1.5	0.2	0
4	5.0	3.6	1.4	0.2	0
...	...	...	...	...	...
145	6.7	3.0	5.2	2.3	2
146	6.3	2.5	5.0	1.9	2
147	6.5	3.0	5.2	2.0	2
148	6.2	3.4	5.4	2.3	2
149	5.9	3.0	5.1	1.8	2

[그림 2-2] Iris dataset (출처: https://archive.ics.vci.edw/ml/datasets/Iris)

(b) CIFAR10 : 10가지 종류(airplane, automobile, bird, cat, deer, dog, frog, horse, ship, truck)가 있는 32×32×3 픽셀의 컬러 이미지로, 5만 개의 학습용 데이터와 1만 개의 평가용 데이터로 구성되어 있다. 이미지 분류를 위한 학습에 주로 사용된다.

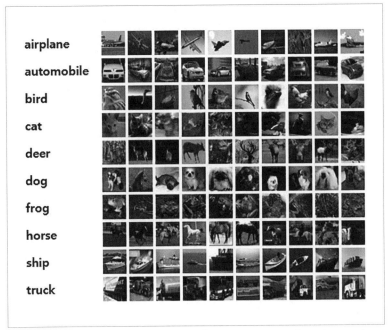

[그림 2-3] CIFAR10 데이터셋 (출처: https://www.cs.toronto.edu/~kriz/cifar.htm)

(c) MNIST : 0~9까지의 숫자를 손으로 쓴 손글씨 데이터로 28×28 픽셀의 흑백 이미지이며, 6만 개의 훈련용 데이터와 1만 개의 평가용 데이터로 구성되어 있다. 이미지 분류 학습에 주로 사용된다.

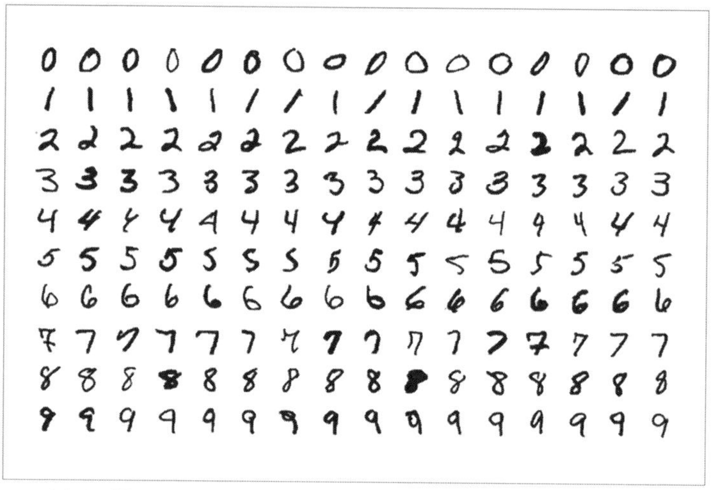

[그림 2-4] MNIST 데이터셋 (출처: https://upload.wikimedia.org/wikipedia/commons/2/27/MnistExamples.png)

(d) Fashion MNIST : 10가지의 패션 용품(T-shirt/Top, Trouser, Pullover, Dress, Coat, Sandal, Shirt, Sneaker, Bag, Ankle boot) 이미지로 만들어진 데이터셋이다. 28×28 픽셀의 흑백 이미지로 6만 개의 훈련용 데이터와 1만 개의 평가용 데이터로 구성되어 있다. 이미지 분류 학습 예제로 주로 사용된다.

[그림 2-5] Fashion MNIST 데이터셋 (출처: https://childult-programmer.tistory.com/51)

(e) IMDB : 영화 감상평 데이터로 25000개의 학습용 문장과 25000개의 평가용 문장으로 이루어져 있으며 이진 분류용 자연어 데이터셋이다. 영화 감상평을 내용에 따라 긍정과 부정으로 분류하고 있다. (참고 사이트: http://ai.stanford.edu/~amaas/data/sentiment/)

2.2 데이터 수집

데이터를 수집할 때는 해결하고자 하는 문제가 무엇인지부터 명확하게 설정해야 한다. 어떤 값을 예측하고자 하는지, 이미지 분류를 위한 것인지에 따라 데이터를 수집하는 방법이 달라지므로 문제를 잘 파악해야 한다.

수집할 데이터를 설정하면, 데이터와 그 데이터의 지표를 레이블링하는 과정이 필요하다. 단순히 데이터만 모으는 것이 아니라, 데이터에 지표를 매기는 과정인 레이블링이 중요하다. 레이블링은 데이터의 정확성에 매우 중요한 역할을 한다.

좋은 데이터를 모은다는 것은 데이터 자체의 질도 중요하지만, 데이터에 레이블링이 얼마나 잘 되어 있는가도 매우 중요하다.

2.3 데이터 분리

딥러닝 학습을 위해서는 데이터를 학습용과 평가용으로 분리해야 한다. 학습용 데이터는 모델을 학습하는 데 사용하며, 평가용 데이터는 학습된 모델이 제대로 학습됐는지 평가하는 데 사용하는 데이터다. 만약 데이터를 분리하지 않으면 모든 데이터가 학습에 사용되어 학습된 모델이 다른 데이터에도 잘 작동하는지를 평가할 수가 없게 된다. 이미 학습에 사용한 데이터는 모델을 최적화하는 데 사용되었기에 학습 모델이 제대로 학습되었는지 객관적으로 확인할 수 없으므로 평가에 사용할 수 없다. 그래서 학습용 데이터는 모델 학습에만 사용하고 평가용 데이터는 모델이 제대로 학습됐는지 확인하는 용도로만 사용한다.

딥러닝 데이터셋에는 대부분 데이터가 학습용 데이터와 평가용 데이터로 분리되어 있지 않거나, 분리되어 있더라도 레이블이 존재하는 평가용 데이터도 있다. 주어진 데이터가 학습용과 평가용으로 분리되어 있다면 데이터 분리가 필요하지 않다. 반면, 데이터가 분리되어 있지 않다면 학습용과 평가용으로 나눠야 한다. 보통 8:2에서 6:4 정도로 분리하면 된다.

실제 상황에서는 학습용 데이터는 이미 레이블이 주어진 데이터이고, 평가용 데이터는 레이블이 없고 학습된 모델로 결과값(레이블)을 예측하기 위한 데이터이다. 그래서 경진대회 같은 경우에는 평가용 데이터에는 레이블이 없기에 모델이 제대로 학습되었는지 확인이 불가능하다. 이런 경우에는 학습용 데이터를 학습용과 검증(validation)용으로 분리해서 사용한다. 학습 모델을 학습하는 용도인 학습용 데이터와 학습된 모델을 검증하는 용도인 검증용 데이터로 나누어 학습을 진행한다. 즉 검증용 데이터가 위의 평가용 데이터와 같은 역할을 한다.

CIFAR10 데이터셋의 경우를 예로 살펴보면, CIFAR10은 6만 개의 이미지 데이터가 레이블과 함께 주어져 있다. 그리고 이 데이터는 5만 개의 학습용 데이터와 1만 개의 평가용 데이터로 나뉘어 있다. 만약 평가 이전에 학습 결과를 검증하고자 한다면 학습용 데이터를 분리해 다시 학습용 4만 개와 검증용 1만 개로 나누어 학습시키는 방법이 있다.

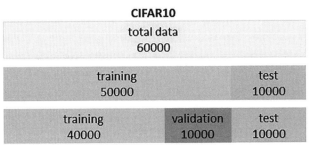

[그림 2-6] 데이터 분리

3. 문제 분류

딥러닝을 통해 해결할 문제가 정해지면, 이 문제가 어떤 형태의 문제인지를 분류할 수 있다. 문제 분류는 딥러닝을 통해 어떤 형태의 결과를 만들 것인가를 정하는 과정이다. 문제 분류는 크게 값을 추론하는 회귀 문제와 class를 분류하는 분류 문제로 나뉜다.

딥러닝에서의 문제 분류는 층의 제일 마지막 부분인 출력층의 출력값 개수로 회귀 문제와 분류 문제를 결정한다. 마지막 출력값이 하나인 경우가 회귀 문제이며, 여러 개면 분류 문제다.

3.1 회귀(Regression) 문제

회귀 문제는 선형 회귀로 잘 알려져 있듯이, 하나의 실수값을 추론하는 문제다. 회귀 문제는 변수의 개수에 따라 단일변수 회귀와 다중변수 회귀로 나뉘며, 회귀 방법에 따라 선형 회귀, 다항식 회귀, 로지스틱 회귀 등으로 나뉜다. 결국 구하고자 하는 지표가 실수값 하나이면 회귀 문제가 된다.

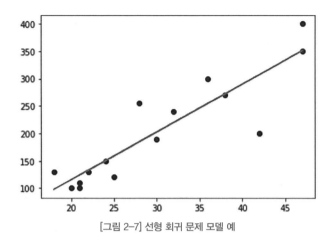

[그림 2-7] 선형 회귀 문제 모델 예

─── ◀ 혼자 정리하는 딥러닝 ▶ ───

회귀 종류

(a) 단일변수 / 다중변수 회귀 : 입력 변수(독립 변수)가 하나이면 단일변수 회귀 문제이고, 입력 변수가 여러 개이면 다중변수 회귀 문제가 된다. 시간과 거리를 나타내는 경우 시간이 입력 변수이고 거리가 출력 변수이면 이 경우는 단일변수 회귀 문제가 된다. 만약 Iris_ dataset과 같이 입력 변수가 x1~x4까지 4개이고 출력 변수가 y면, 다중변수 회귀 문제가 된다.

(b) 선형 회귀 : 입력 데이터와 출력 데이터의 상관관계를 일차식으로 추론하는 회귀이다. 간단한 방법이지만 데이터가 많을 때 매우 유용한 방법이다.

(c) 로지스틱 회귀 : 로지스틱 회귀는 이진 분류에 사용되는 회귀이다. 최종 출력층은 하나이지만, 0 또는 1을 분류할 때 최종 출력값을 0~1 사이 값으로 출력해 확률적으로 0인지 1인지를 결정하는 모델이다. 뒷장에서 알아볼 sigmoid 함수가 로지스틱 회귀의 출력층에 사용된다.

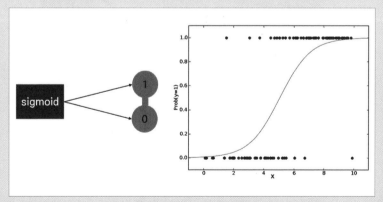

[그림 2-T1] 로지스틱 회귀

(d) 다항식 회귀 : 선형 회귀에서는 일차식으로 데이터의 상관관계를 추론하는 데 비해 다항식 회귀는 일차식 대신 다항식으로 추론하는 회귀이다. 데이터에 대해 더 정확한 추론이 가능하지만, 식이 복

잡해지기에 계산량이 많아지고 과적합이 일어날 확률이 높아진다.

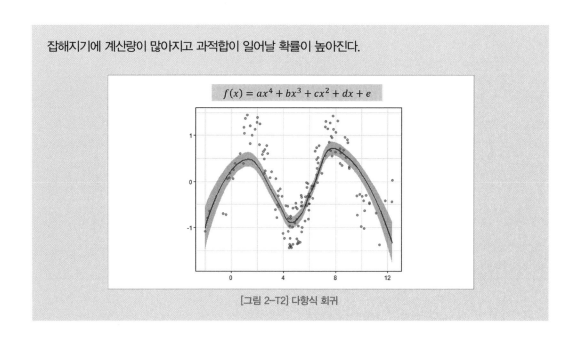

[그림 2-T2] 다항식 회귀

3.2 분류(Classification) 문제

분류 문제는 여러 개의 class 중 하나를 맞히는 문제이다. 예를 들어 10개의 숫자 중 하나를 맞히는 형식이다. 이 경우 최종 출력값의 개수는 10개가 된다.

최종적으로 구하고자 하는 지표가 여러 class 중 하나를 선택하는 것이라면 분류 문제가 된다.

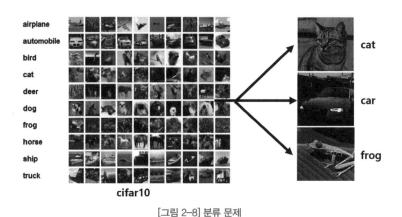

[그림 2-8] 분류 문제

분류 문제는 출력층의 개수가 class의 개수로 설정된다. 다만, 이진 분류의 경우는 출력층이 하나이며 보통 0과 1의 확률로 분류하므로 로지스틱 회귀에 해당된다.

4. 모델 설정

준비한 데이터를 통해 해결해야 할 문제가 무엇인지 결정되면 이제 문제에 적합한 학습 모델을 설정해야한다. 학습 모델의 종류는 크게 머신러닝 모델과 딥러닝 모델로 나눌 수 있다. 모델 설정은 데이터 종류와 문제 분류 단계에서 거의 결정된다.

모델 설정이란 모델 내에 지정되어 있는 가중치를 설정하는 것이다. 더 정확히는 모델의 종류에 따라 설정되는 가중치의 개수를 정하는 것이다. 모델이 정해지면 가중치의 개수는 자동적으로 정해진다. 모델을 학습시키는 과정은 설정된 가중치를 최적화하는 과정이다.

4.1 가중치 설정

가장 간단한 모델인 선형 모델을 살펴보면, 입력 변수와 각 변수의 성분(가중치, weight), 그리고 절편(편향, bias)으로 구성되어 있다. 출력 변수가 1차원이면 선형 회귀 모델이 되고, 다차원이면 선형분류 모델이 된다.

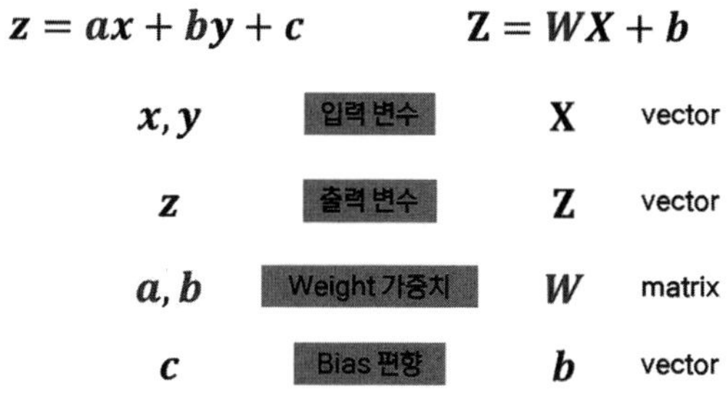

$$z = ax + by + c \qquad Z = WX + b$$

x, y	입력 변수	X	vector
z	출력 변수	Z	vector
a, b	Weight 가중치	W	matrix
c	Bias 편향	b	vector

[그림 2-9] 가중치

학습(learning) 과정은 입력된 데이터에 대해 주어진 결과(레이블)에 맞도록 성분(가중치)에 해당되는 숫자를 조절해 나가는 과정이다.

모델을 설정한다는 것은 이러한 가중치의 규모를 설정하는 것이며, 학습을 통해 가장 적합한 성분(가중치)을 찾아가는 과정이 학습이다. 보통 가중치와 편향을 구분하지만, 최적화할 학습 대상으로 말할 때는 가중치와 편향 두 가지를 합쳐서 가중치 또는 매개변수(parameter)라 부른다.

4.2 머신러닝 모델

고전적인 머신러닝 모델은 주로 정형적인 데이터를 처리할 때 사용한다. 머신러닝 모델은 기본적으로 결정트리 구조를 사용하고 있으며, 앙상블 기법을 적용해 결과값을 예측한다. 대표적인 알고리즘에는 Random Forest, Boosting 기법(AdaBoost, GradientBoost, XGBoost, Light GBM, CatBoost 등) 등이 있다. 각각의 모델에 Classifier, Regressor가 있기에 문제 분류에 맞게 사용이 가능하다.

앙상블 모델은 아래 그림과 같이 각기 다른 여러 모델(모델1, 모델2, 모델3, 모델4)로 학습해 예측값을 계산한 뒤, 예측값들을 앙상블(통합)해 최종 예측값을 예측하는 방식이다. 앙상블하는 방법은 주로 투표(이산 결과)나 평균(연속 결과)을 사용한다.

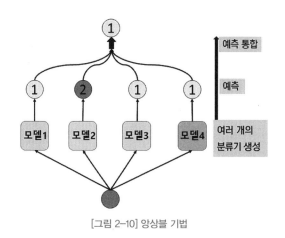

[그림 2-10] 앙상블 기법

4.3 딥러닝 모델

딥러닝 모델은 신경망, CNN, RNN, LSTM 등의 모델이 있다.

이미지를 활용해 분류를 하거나 회귀 문제를 풀고자 할 때는 신경망 모델과 CNN(Convolution Neural Network) 모델을 주로 사용한다.

(a) 신경망 모델: 여러 개의 선형 모델을 연결해 다층 구조로 만든 모델이다. 입력층과 출력층을 제외한 층을 은닉층(hidden layer)이라 한다. Part 5에서 자세히 다룬다.

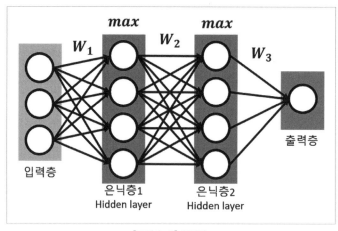

[그림 2-11] 신경망

(b) CNN 모델: 신경망 모델에서 행렬 곱셈 대신 합성곱(convolution)을 사용하고 Pooling Layer를 사용하는 모델이다. Part 6에서 자세히 배운다.

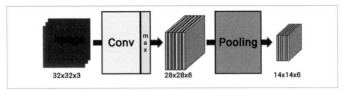

[그림 2–12] CNN 모델

시계열, 자연어 등 순서가 있는 데이터 처리에는 주로 RNN, LSTM 등을 사용한다.

(c) RNN 모델: 시계열 등 순차적인 sequence 데이터를 다룰 때 사용하는 모델로, Hidden vector를 사용해 정보를 전달한다. Part 7에서 자세히 배운다.

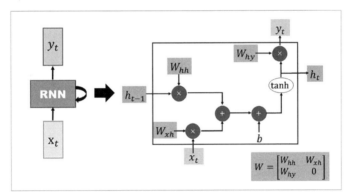

[그림 2–13] RNN 모델

(d) LSTM(Long Short-Team Memory) 모델: RNN 모델의 단점을 해결하기 위해 만들어진 모델로, 시계열, 자연어 처리 등에 효율적인 모델이다. Part 7에서 자세히 배운다.

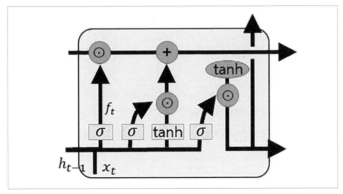

[그림 2–14] LSTM 모델

주어진 문제와 데이터에 맞는 적절한 모델을 선택해야 학습을 원활히 진행할 수 있다. 어느 정도 경험이 쌓인다면 데이터와 목적이 주어지면 어떤 모델을 사용해야 하는지 쉽게 알 수 있다.

5. 손실 계산

모델을 설정해 학습을 시키려면 모델로 예측한 값과 실제 참값 사이의 차이(오차)를 구해야 하는데, 이를 보통 손실(loss)이라 한다. 손실을 함수 형태로 나타낸 것을 손실 함수(loss function)라고 한다. 손실 함수를 비용 함수(cost function) 또는 목적 함수(object function)라 하기도 한다.

5.1 손실(loss)과 손실 함수(loss function)

손실은 모델을 사용해서 구한 계산값과 참값의 오차를 의미한다. 이 오차를 측량하는 방법에는 여러 가지가 있지만, 대부분은 참값 $\hat{y}$과 계산값 y의 차이로 나타내는 함수 형태 $f(y, \hat{y})=f(|y-\hat{y}|)$로 주어진다. 이러한 손실은 수학에서 사용하는 거리(distance) 개념과 거의 일치하는 것으로 거리 개념을 알고 있다면 손실과 손실 함수를 이해하기가 더 쉬워진다.

손실은 참값과 예측값의 차이를 적당한 함수 또는 거리로 나타낸 것이다. 이러한 손실을 함수로 표현한 것이 손실 함수며, 손실 함수가 정의되어야 학습 과정에서 미분을 통해 손실을 최소화시키는 최적화 과정을 진행할 수 있다.

손실이 적을수록 참값과 예측값의 차이가 적은 것으로 좋은 결과를 얻을 수 있다. 그렇기에 최적화 과정은 손실을 최소화하는 과정이며, 이것이 결국 학습 과정이 된다.

5.2 손실의 종류

손실의 종류는 결국 손실을 정의하는 손실 함수의 종류이다. 손실 함수는 문제 분류에 따라 각기 다른 손실 함수를 사용한다. 회귀 문제에서는 주로 MSE, MAE를, 분류 문제에서는 주로 Cross Entropy Loss를 사용한다.

MSE는 mean squared error로 L_2 거리를 기반으로 하는 손실 함수며, MAE는 mean absolute error로 L_1 거리를 기반으로 하는 손실 함수다.

Cross Entropy Loss는 최종 출력층을 확률분포로 만들어주는 softmax 과정을 거쳐 계산된 확률분포와 참값의 확률분포의 차이를 측정하는 Cross Entropy Loss로 손실을 계산하는 방식이다. Part 4에서 자세히 배운다.

거리

거리(distance)는 수학적인 개념으로 정의는 다음과 같다.

정의 : 주어진 집합 V에서 임의의 p, q, r∈V에 대해 다음의 성질을 만족하는 함수 d:V×V→R를 거리라 한다.

    (1) (양의 수) $d(p, q) \geq 0$, 단 $d(p, q) = 0$은 $p = q$일 때뿐이다.

    (2) (대칭성) $d(p, q) = d(q, p)$.

    (3) (삼각부등식) $d(p, q) \leq d(p, r) + d(r, q)$.

위의 정의를 만족하는 함수는 모두 거리(함수)가 된다. 이 개념으로 보면, 실수 공간(R)과 벡터 공간(R^n)에서 정의되는 거리 함수는 무한히 많다. 거리 종류에는 절댓값으로 계산되는 L_1(Manhattan distance)과 제곱을 합해 제곱근을 씌우는 L_2(Euclidean distance)가 가장 잘 알려져 있다. 아래 그림은 여러 가지 거리 함수를 나타낸 것으로 모두 기본은 두 벡터의 차이의 함수다.

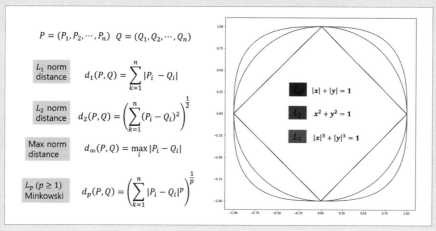

[그림 2–T3] 거리 종류

이 거리 개념을 약간 변형한 것이 손실 함수다. 대표적으로 MAE는 L_1 거리에서 평균 계산을 한 것이며, MSE도 L_2 거리에 근호를 없애고 평균을 추가한 것이다. 두 벡터 $x=(x_1, x_2, \cdots, x_m)$와 $\hat{x}=(\hat{x}_1, \hat{x}_2, \cdots, \hat{x}_m)$의 MAE, MSE 손실은 각각 다음과 같이 계산된다.

$$\text{MAE: } \frac{1}{m} \sum_{k}^{m} |x_k - x_k|, \quad \text{MSE: } \frac{1}{m} \sum_{k}^{m} (x_k - \hat{x}_k)^2.$$

사실 이렇게 적당한 수를 나누어서 평균을 구하는 식으로 바꾸어도 거리의 정의는 그대로 성립한다. 즉 손실도 하나의 거리가 된다.

6. 최적화

최적화 과정은 손실을 최소화시키는 과정이다. 이 과정은 참값과 예측값의 차이를 최소화시켜 모델을 최적화시키는 과정이다. 이러한 최적화 과정은 미분 개념으로 쉽게 접근 가능하며, 미분을 이용해 함숫값이 최소가 되는 점을 찾아가는 과정을 단계별로 접근하는 경사 하강법을 사용한다.

6.1 경사 하강법 Gradient Descent

모델을 개선한다는 것은 참값과 예측값의 차이인 손실을 더 작게 만드는 과정이다. 이것이 곧 학습 과정이기도 하다. 참값과 예측값의 차이는 함수로 표현되며, 이 함수의 최솟값을 찾아가는 과정이 경사 하강법이다.

경사 하강(Gradient Descent)의 경사(gradient)는 미분이라는 의미이며 경사 하강은 미분값이 감소하는 방향을 의미한다. 아래 [그림 2-15]에서와 같이 경사가 감소하는 방향은 최솟값으로 이동하는 방향이다. 반대로 경사가 증가하는 방향을 경사 상승(Gradient Ascent)이라고 하며 이 방향은 미분값과 함숫값이 증가하는 방향이다.

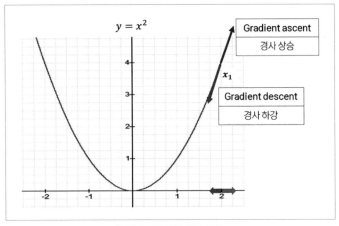

[그림 2-15] 경사 하강 방향

[그림 2-15]를 살펴보면, 함수 $y=x^2$에서 $x=2$일 때의 미분은 단순히 크기만 계산하면 4가 되지만, 곡선상에서 움직이는 방향은 그림에서 보듯 미분이 증가하는 방향인 경사 상승(gradient ascent) 방향이 있고, 미분이 감소하는 방향인 경사 하강(gradient descent) 방향이 있다. 최적화는 손실값이 최소가 되도록 하는 것이 목적이므로 미분값이 양수에서 0이 되는 방향으로 이동하는 것이다. 그렇기에 경사 하강 방향을 구한 후 그 방향으로 단계적으로 이동하는 것이 경사 하강법이다.

경사 하강법의 최종 목표는 손실 함수의 값이 최소가 되는 입력값을 찾는 것이다. 함숫값이 최소가 되는 점에서는 미분값이 0이 되므로 미분값이 감소하는 방향으로 이동한다. 미분의 성질을 볼 때, 미분값이 증가한다는 것은 함숫값이 계속 증가하는 방향이 되므로 최솟값과는 오히려 멀어지게 된다. 여기서 경사 하강이 움직이는 방향은 그래프상이 아니라 x축 상에서 움직인다. 함숫값이 최소가 되도록 하는 입력값을 찾는 것이므로 입력값의 영역인 x축 상에서 움직인다.

최솟값을 구할 때, 변수의 개수가 적으면 미분을 통해 최솟값을 직접 계산해 구할 수 있지만, 변수가 많아지면(보통 몇백 개에서 많으면 수억 개) 미분을 통해 최솟값을 구하는 것은 컴퓨터로도 매우 어려운 계산이 된다. 이 경우 바로 최솟값을 구하는 것이 아니라 최솟값에 접근하는 방향을 구해 점진적으로 최솟값 방향으로 이동하는 방법이 경사 하강법이다.

6.2 경사하강 계산

경사 하강법은 기본적으로 손실 함수를 가중치로 미분한 값을 사용해 다음 단계의 가중치값을 계산한다. 수식으로 표현하면 다음과 같다. $W^{(i)}$는 경사 하강 계산상 i번째의 가중치 행렬이며, h는 이동 스텝 사이즈(학습률)이며 $\frac{dL}{dW}$는 손실 함수를 가중치 행렬 W로 미분한 함수이다.

$$W^{(i+1)}=W^{(i)}-h\frac{dL}{dW}(W^{(i)})$$

함수 $y=x^2$에서, 처음 $x=2$에서 출발하는 경우를 예를 들어보자. 여기서는 함수 y가 손실 함수에 해당되고, 입력 변수 x가 가중치에 해당된다. 학습 과정에서 최초의 가중치는 랜덤으로 주어진다. 여기서는 편의를 위해 처음 값을 $x=2$로 설정하였다.

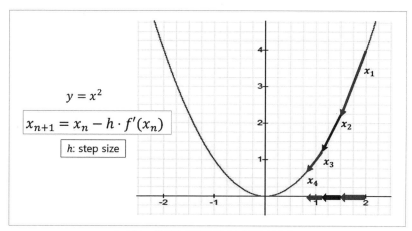

[그림 2-16] 경사 하강법 원리: 가중치 업데이트

경사 하강법의 구체적인 계산은 위 그림처럼 출발점에서부터 한 단계씩 가중치를 업데이트해 가는 과정이다. 이 과정에서 step size h는 사람이 인위적으로 설정하는 값이다. 이런 변수를 hyper-parameter라고 한다. 이 step size가 실제 학습 과정에서 학습률(learning rate)이 된다. 여기서는 $h=0.1$로 설정하겠다.

처음 출발점을 $x_1=2$에서 시작하면, 다음 단계를 가중치 업데이트 식에 대입해 계산하면 $x_2=x_1-h\,f'(x_1$

)=2−h・4=1.6이 된다. 이런 식으로 다음 스텝의 값들을 계산하면 x_3=1.28, x_4 = 1.024, … 이 된다. 이 과정을 약 50번 정도 실행하면 가중치 x는 손실 함수가 최소가 되는 입력값인 0에 수렴하게 된다. 만약 h=0.2로 계산하면 약 20번의 업데이트로 0에 수렴하게 된다. 이 과정에서 계산되는 가중치 x는 정의역인 x축 상에 존재하는 값이며, 경사 하강의 계산은 정의역에 있는 가중치 벡터를 단계적으로 손실 함수가 최소가 되는 점으로 이동해가는 과정이다.

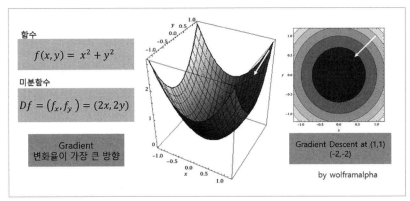

[그림 2-17] 3차원 경사 하강

좀 더 시각화해서 3차원 그래프의 경우를 살펴보자. [그림 2-17]은 다변수 함수인 $f(x, y)=x^2+y^2$를 (1, 1)에서 미분한 경우를 예로 들었다. 미분 함수를 구해서 계산해 보면 (1, 1)에서의 경사 하강 방향은 미분의 반대 방향이므로 제일 오른쪽 그림처럼 입력값 영역인 2차원 평면에서 (−2, −2)가 되며, 이것을 3차원 곡면에 그려보면 가운데 3차원 그래프에서 보듯 (1, 1, 2)에서 최솟값으로 향하는 벡터임을 확인할 수 있다. 이로써 경사 하강이 손실 함수의 함숫값이 최소가 되는 방향으로 점진적으로 이동함을 알 수 있다.

더$^{+}$알아보기 1

경사 하강법 보충 설명 (다변수 함수 미분)

이 부분은 [그림 2-17]의 예시에 있는 경사 하강법의 수학 계산 과정을 보충하기 위한 설명이다. 이 과정은 다변수 함수의 미분과 편미분의 개념을 포함하고 있으며, 경사 하강의 방향이 정의역의 영역인 2차원에서 어떻게 계산되는지와, 3차원에서 경사 하강 방향이 어떻게 계산되는지를 보여주고 있다. 이 부분은 수학적인 계산이 궁금한 분들을 위한 보충 설명이며 내용이 어렵다면 이 부분을 넘어가도 전체 흐름을 따라가는 데 전혀 문제가 없음을 밝혀둔다.

다변수 함수 $f(x, y)=x^2+y^2$의 미분은 편미분을 구해서 행렬(여기서는 벡터)로 나열한 것이다. 수식으로 나타내면 다음과 같다.

$$\nabla f = \left[\frac{\partial f}{\partial x}, \frac{\partial f}{\partial y} \right]$$

편미분은 변수가 여러 개 있을 경우에 미분하는 변수(x) 외의 변수(y)를 상수로 보고 미분한 것을 말한다. 다음 식은 다른 변수는 고정하고 편미분하는 변수에 대한 변화량을 계산한 것이다.

$$\frac{\partial f}{\partial x} = \lim_{h \to 0} \frac{f(x+h, y) - f(x, y)}{h}$$

편미분을 계산하는 것은 편미분 변수 외에는 상수로 가정하고 일변수 함수를 미분하는 것과 같은 계산 방식이다. 위 함수에서 편미분을 계산해보면 다음과 같다.

$$\frac{\partial f}{\partial x} = 2x, \ \frac{\partial f}{\partial y} = 2y$$

결과적으로 출발점 (1, 1)에서의 미분 벡터는 $\nabla f = (2, 2)$ 가 되고 경사 하강 방향은 미분의 반대이므로 $-\nabla f = (-2, -2)$가 된다. 이 벡터는 [그림 2-17]의 오른쪽 부분의 2차원 정의역에 있는 벡터이며, 애초에 경사 하강은 정의역에서의 벡터를 구하는 것이다.

이것을 곡면에 표시하는 것은 2차원일 때와는 달리 벡터 미적분학에서 다루는 접평면에 대해 알아야 이해가 쉽다. 여기서는 간략히 흐름만 짚어보겠다.

우선 2차원에서 정의된 함수 f에서 z를 넘겨서 3차원 함수로 다시 정의하면 $g(x, y, z) = x^2 + y^2 - z$가 된다. 이 함수를 미분하면 다음과 같다.

$$\nabla g = \left[\frac{\partial g}{\partial x}, \frac{\partial g}{\partial y}, \frac{\partial g}{\partial z} \right] = [2x, 2y, -1]$$

3차원에서의 미분 벡터는 3차원 그래프의 곡면의 접평면의 법선 벡터가 된다. 따라서 $P = (1, 1, 2)$에서의 접평면 방정식 위의 임의의 점 $X = (x, y, z)$은 다음과 같이 계산된다. (n: 평면의 법선 벡터)

$$\mathrm{n} \cdot (X - P) = \nabla g(1, 1, 2) \cdot \{(x, y, z) - (1, 1, 2)\} = (2, 2, -1) \cdot (x-1, y-1, z-2) = 0$$
$$\Rightarrow 2x + 2y - z = 2$$

여기서 접평면 위의 점 (1, 1, 2)에서 입력 벡터가 움직이는 방향이 x, y 평면에서 보면 출발점 (1, 1)에서 경사 하강을 계산한 방향인 (-2, -2)이다. 이것을 매개변수 t로 나타내면 (t, t)가 되며 출발점에서 $t = -2$이다. 이것을 접평면에 대입해 계산하면 다음과 같다.

$$2t + 2t - z = 2 \Rightarrow z = 4t - 2.$$

이 식에 출발점인 $t = -2$를 대입하면 그때의 z방향의 값은 -10이 된다. 따라서 3차원에서 정의된 곡면 $g(x, y, z) = x^2 + y^2 - z$ 위의 점 (1, 1, 2)에서 경사 하강 방향은 (-2, -2, -10)이 된다. [그림 2-17]에서 보듯이 출발점에서 최소점인 원점으로 이동하는 벡터다.

더⁺알아보기 2

미분 종류

미분은 계산 방법에 따라 해석 미분과 수치 미분으로 나눌 수 있다.

해석 미분은 흔히 알고 있는 미분으로 함수를 미분해 도함수를 구하고, 그 도함수에 입력값을 계산해 미분값을 구하는 방식이다.

예를 들어 함수 $y=x^2+2x$의 $x=2$에서의 미분값을 계산하려면, 먼저 함수를 미분해 도함수 $y'=2x+2$를 구하고 여기에 $x=2$을 대입해 미분값 6을 얻는 방식이다.

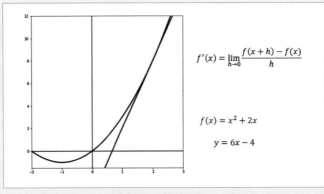

[그림 2–T4] 해석 미분

수치 미분은 일단 주어진 조건이 함수가 아닌 데이터인 경우에 사용하는 방법으로 평균 변화율로 계산한다. 예를 들어 (1.9, 7.3), (2.1, 8.6)으로 2에서의 미분값을 구하면 다음과 같다.

$$\frac{\triangle y}{\triangle x}=\frac{8.6-7.3}{2.1-1.9}=6.5$$

(1.9, 7.3), (2.1, 8.6) 이 값들은 위 해석 미분에서 사용한 함수 $y=x^2+2x$와 관련된 근사값으로 함수가 아닌 데이터 형태인 경우는 이와 유사하게 처리된다. 미분값을 비교해보면 해석 미분으로 구한 미분값과 비교적 근사하게 계산된다.

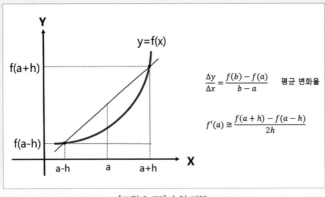

[그림 2–T5] 수치 미분

7. 예측 및 평가

설정한 모델이 충분히 학습되면 주어진 데이터에 맞는 결과(레이블)를 출력하도록 가중치가 최적화된다.

다음 그림과 같이 학습된 모델에 평가용 데이터를 입력하면 예측 결과를 출력하게 된다. 학습된 가중치에 평가용 데이터로 계산하는 과정이다. 이 과정에서 학습된 데이터를 사용하게 되면 학습된 데이터에 대한 편향으로 예측이 정확하지 않을 수 있기 때문에 예측에 사용하는 평가용 데이터는 학습 이전부터 분리해서 사용한다.

평가용 데이터가 이미 레이블되어 있다면 evaluate 함수로 예측값과 레이블을 비교해 바로 손실, 정확도 등을 확인할 수 있다.

레이블이 없는 경우에는 predict 함수를 사용해 평가용 데이터에 대한 결과값을 예측한다.

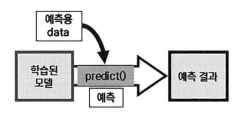

[그림 2-18] 예측 과정

- 딥러닝 과정은 데이터 수집, 문제 분류, 모델 설정, 손실 계산, 최적화, 예측 및 평가 과정으로 진행된다.

- 우선 해결할 문제를 정하면 그에 필요한 데이터를 설계하고 수집한다. 수집된 데이터에 레이블링까지 완료되어야 학습에 필요한 데이터셋이 완성된다.

- 문제 분류는 해결할 문제의 종류가 회귀 문제인지 분류 문제인지를 파악한 후, 데이터와 문제에 맞는 모델을 설정한다.

- 모델 설정은 데이터와 목표에 맞는 모델을 설정하는 과정으로 random forest와 같은 머신러닝 알고리즘이나 CNN, RNN 등의 딥러닝 알고리즘이 사용된다.

- 이미지 처리를 위한 딥러닝 모델에는 대표적으로 CNN모델이 있고, 자연어 처리를 위한 딥러닝 모델에는 RNN모델이 대표적이다.

- 모델이 설정되면 모델에 의해 계산된 값과 원래의 값의 차이인 손실 함수를 설정한다.

- 학습은 학습용 데이터를 모델에 입력해 계산된 출력값과 레이블로 계산된 손실 함수를 경사 하강법으로 최적화하는 과정이다. 이 과정은 모델 설정에서 설정된 가중치를 데이터에 가장 적합하게 설정하는 과정이다.

- 이렇게 최적화된 모델에 평가용 데이터를 입력해 예측 또는 평가를 해 해결할 문제의 결과를 예측한다. 이러한 과정들을 통해 딥러닝을 통한 문제 해결이 가능해진다.

연습 문제

[1~8] 다음 괄호 안에 들어갈 적당한 용어는 무엇인가요?

1 머신러닝 학습을 위해서 필요한 데이터와 레이블을 모아 놓은 것을 (   )이라 한다.

2 학습 과정에서 학습 모델에서 계산된 값과 실체 참값인 레이블의 차이를 계산하는 함수를 (   ) 함수라고 한다.

3 미분값이 감소하는 방향으로 가중치를 업데이트해 손실 함수를 최적화하는 방법을 (   )이라 한다.

4 미분값을 구하는 방법은 도함수를 구해서 입력하는 (   ) 미분과 입력된 데이터를 이용해 기울기값으로 미분값을 구하는 (   ) 미분이 있다.

5 머신러닝에 사용되는 데이터는 보통 학습 과정에 사용되는 (   ) 데이터와 평가 또는 예측에 사용되는 (   ) 데이터로 분류한다.

6 학습 모델을 설계할 때 문제 분류로는 실수값을 예측하는 (   ) 문제와 class를 예측하는 (   ) 문제로 구분된다.

7 학습된 모델로 예측을 할 때, 평가용 데이터에 레이블이 있는 경우에는 (   ) 함수를 사용해 정확도를 평가하고, 레이블이 없는 경우에는 (   ) 함수를 사용해 레이블을 예측한다.

8 일차식으로 모델을 설정해 회귀 문제를 학습시키는 것을 (   ) 모델이라고 한다.

PART 2 딥러닝 흐름 잡기   55

실습 예제_ 선형 회귀 모델

실습 예제 : 선형 회귀 분석

문제: x-y 상관관계 데이터를 이용해 선형 회귀 계수를 구하고 그래프로 데이터와 선형 회귀 직선을 그리기

데이터셋: x-y 상관관계 데이터 (a1.csv)

모델: scikit learn 프레임워크 linear regression 모델

x-y 상관관계 문제 분석

이 표는 x값의 변화에 따른 y값 변화의 상관관계를 알아보기 위해 기록한 데이터이다.

데이터 형태: 단순 정형 데이터

레이블 종류: 실수값

문제 분류: (단순) 선형 회귀

독립변수(input): x

종속변수(label): y

주요 명령어

> **Pandas**
>
> read_csv(): csv 파일을 읽어들일 때 사용하는 함수
>
> describe(): 기본적인 통계 자료를 출력
>
> isnull(): 결측치가 있는지를 출력, 전체 데이터를 개별적으로 일일이 출력하므로 확인하기 어렵다.
> isnull().any()를 사용하면 column별로 확인할 수 있다.
>
> dropna(): 결측치가 들어 있는 데이터 raw를 삭제. fillna() 함수는 결측치를 다른 값으로 채울 때
> 사용한다.
>
>
> **Numpy**
>
> np.array(): 기존 데이터를 numpy 형식으로 변환할 때 사용
>
>
> **Pyplot**
>
> plt.figure(figsize = (10, 8)) : 그림의 크기를 설정할 때 사용
>
> plt.plot(x1, y1, 'o') : x축이 x10고 y축이 y1인 데이터를 점(o) 형태로 그리기

sklearn

```
from sklearn.linear_model import LinearRegression
```

sklearn에 내장되어 있는 linear_model 중 LinearRegression 함수 불러오기

lr = LinearRegression(): 불러온 LinearRegression 함수를 lr 변수로 호출

lr.fit(x2, y1): x 데이터 x2, y데이터 y1로 선형 회귀를 학습

a = lr.coef_ : 선형 회귀 결과로 구해진 선형 계수를 변수 a에 저장

b = lr.intercept_ : 선형 회귀 결과로 구해진 편차를 변수 b에 저장

lr.predict([[105]]): 새로운 값을 학습된 선형 회귀 모델로 예측하기

◀ 혼자 정리하는 딥러닝 ▶

LinearRegression 입력 형태

sklearn의 LinearRegression 함수는 다변수 선형 회귀로 설계되어 있어 입력되는 독립변수의 형태가 이중배열로 설계되어 있다. 즉, 변수가 3개인 경우 입력되는 데이터가 n개이면 $n \times 3$ 형태가 된다. 만약 1변수의 독립변수 형태인 경우에도 이중배열로 만들어 입력해야 한다. 즉, n개의 데이터인 경우 데이터 형태가 n이 아닌 $n \times 1$ 형태가 되어야 한다.

답안 코드 및 설명

데이터 입력 +Add data에서 'stats1_practice'를 검색한 후 추가해주면 된다.

```
import numpy as np
import pandas as pd

import os
for dirname, _ ,filenames in os.walk('/kaggle/input'):
    for filename in filenames:
        print(os.path.join(dirname, filename))
# 여기까지는 kaggle 첫 입력창에 기본으로 주어진 명령어를 실행시킨 것이다.

a1 = pd.read_csv('/kaggle/input/ststs-ex3/a1.csv', names = ['x','y'])
a1
# 주어진 데이터 a1.csv 파일을 불러오면서 column 이름을 각각 x, y로 설정
```

```
a1.describe()
# a1의 기초 통계수치(데이터 개수, 평균, 표준편차, 최솟값, 사분위값들, 최댓값) 확인

a1.isnull()
# 결측치 확인
a1.isnull().any()
# column별 결측치 확인

a1[a1['y'].isnull() == True]
# y column에 결측치가 있는 raw 출력
a2 = a1.dropna()
# 결측치가 있는 raw를 삭제

a2

x1 = np.array(a2['x'])
y1 = np.array(a2['y'])
# 데이터를 numpy 배열로 변환

x1.shape
# x1의 데이터 형태 확인 :
# (1000,) : 1차원 배열의 경우 1000 다음에 콤마(,)를 삽입해 표현한다.
x2 = x1.reshape(-1, 1)
# x1의 데이터 형태를 1차원 (1000, )에서 2차원 (1000, 1)로 변경, -1은 자동계산을 의미한다.

from sklearn.linear_model import LinearRegression
lr = LinearRegression()
lr.fit(x2, y1)

a = lr.coef_
b = lr.intercept_
a, b

import matplotlib.pyplot as plt
plt.figure(figsize = (10, 8))
```

```
plt.plot(x1, y1, 'o')
plt.plot(x2, lr.predict(x2))
# x값이 x2, y값이 lr.predict((x2))  x2 값을 학습시킨 선형 회귀 모델로 예측해 그래프를 그린 것
으로, 선형 회귀로 계산된 직선을 그리는 것이다.
x = np.linspace(0, 100, 10000)
plt.plot(x, a*x+b, 'r')
# 이와 같이 선형 회귀에서 계산된 계수와 절편으로 그래프도 동일하다.


lr.predict([[105]])
```

심화 문제

실습 문제: 다중선형 회귀

1 주어진 데이터셋에서 test_data.csv 데이터를 이용해 다중 선형 회귀 문제를 풀어 선형 계수와 절편을 구해보자.

데이터셋: x-y 상관관계 데이터 (test_data.csv)

모델: scikit learn 프레임워크 linear regression 모델

PART 3

기본 흐름 파악하기

학습 목표

- 딥러닝은 무엇이며 어떻게 이루어지는가?
- 선형 분류는 어떻게 작동하는가?
- 선형 회귀의 최적화 과정은 어떻게 이루어지는가?

3 기본 흐름 파악하기

이 장은 딥러닝 학습 진행 과정의 흐름을 파악하기 위한 장이다.

가장 기본적인 모델인 선형 분류 모델을 예제로 딥러닝이 이루어지는 과정을 살펴본다. 우선은 데이터를 로드하고 데이터 분석 및 전처리하는 준비 과정을 살펴본다. 이 장에서는 선형 분류 모델로 설정한다.

손실이 어떻게 정의되고 계산되는지를 살펴보고 최적화 과정이 어떻게 진행되는지 살펴본다.

끝으로 선형 회귀 모델에 대한 머신러닝 과정을 살펴보고 최적화 과정을 수식을 통해 자세하게 살펴본다.

1. 선형 분류 과정

이 장에서는 주어진 데이터를 간단한 행렬 계산으로 class를 예측하는 선형 분류 예제를 통해 머신러닝이 어떻게 작동하는지를 구체적으로 살펴보고, 학습 과정을 살펴보기로 한다. 또한 주어진 데이터를 일차식으로 근사해 예측하는 선형 회귀 예제도 알아본다.

Part 2에서 머신러닝 학습 과정이 어떻게 이루어지는지를 살펴보았다. 이 장에서는 선형 분류 예제를 통해 머신러닝이 학습되는 과정을 구체적으로 알아보도록 한다. Part 2에서는 실습에서 x-y 상관관계 데이터셋을 사용한 단순 선형 회귀를 구현해보았다. 이 장에서는 머신러닝용 데이터셋으로 잘 알려진 iris_dataset을 이용한 다중 선형 분류 예제를 살펴보기로 한다. 머신러닝과 딥러닝의 기본적인 학습 과정은 동일하기에 여기서는 머신러닝 학습과 딥러닝 학습을 같은 의미로 사용한다.

이 장은 학습이 진행되는 구체적인 과정을 살펴보는 장으로, 이론적인 설명은 대부분 Part 4에서 이루어진다. 이번 장은 가볍게 따라 하기 수준으로 편하게 알아보는 장으로 보면 좋을 것이다.

머신러닝의 학습 과정은 다음 [그림 3-1]에서 보듯 데이터 준비, 모델 선택, 손실 정의, 최적화, 예측의 과정으로 이루어진다. 이 과정들을 선형 분류에 맞게 선택하면 데이터는 iris_dataset, 모델은 선형 모델, 손실 함수는 MSE, 최적화는 SGD로 이루어진다.

(*SGD: 경사 하강법을 실제 학습에 사용하는 기법, Part 4에서 자세히 다룬다.)

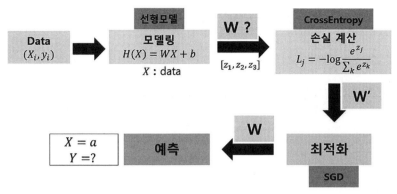

[그림 3-1] 선형 분류 학습 과정

2. 준비 과정

딥러닝 학습을 위해 필요한 데이터는 레이블이 갖추어진 데이터셋이다. 주어진 데이터와 레이블을 사용해 학습을 시켜본다.

다음으로 문제를 분류한다. 회귀 문제인지 분류 문제인지를 파악해야 한다. 또한, 학습을 위해 데이터를 분리해야 한다. 우선 학습용 데이터와 평가용 데이터를 분리해야 한다. 예측 모델을 만드는 것이 중요한 경우에는 데이터를 학습용과 평가용으로 나누어 진행해야 하지만, 데이터를 분리하지 않고 학습용 데이터의 일부를 자동으로 분리해 검증을 하는 경우에는 학습 과정(fit)에서 validation_split 인수를 사용해 간단히 검증할 수 있다. 이 장에서는 학습용 데이터에서 일정 비율을 분리해 평가용(또는 검증용) 데이터를 만드는 train_test_split 함수를 사용하도록 한다.

2.1 Iris_dataset

학습을 잘 시키려면 꼭 필요한 것이 데이터 분석이다. 데이터가 어떤 유형인지, 분포는 어느 정도인지, 어떤 특성이 있는지를 미리 파악해두면 머신러닝 학습에 도움이 된다.

여기서의 데이터는 붓꽃 품종 3가지를 분류하기 위한 데이터로, 4개의 독립변수와 하나의 종속변수로 이루어져 있다. 독립변수들은 각각 꽃받침의 길이(x1)와 너비(x2), 꽃잎의 길이(x3)와 너비(x4) 순으로 되어 있다. 종속변수는 데이터의 레이블로, 붓꽃의 종류로 설정되어 있으며 각각의 품종은 왼쪽부터 0: Setosa, 1: Versicolor, 2: Virginica에 해당된다.

0: Setosa

1: Versicolor

2: Virginica

[그림 3-2] iris_dataset label : 품종

학습을 위한 기본 정보들을 정리하면 다음과 같다.

데이터 종류: 정형 데이터

레이블 종류: 다중 분류 (0, 1, 2)

문제 분류: 분류 문제 (3 class)

독립변수(input): x1, x2, x3, x4

종속변수(label): y

(a) 기본 라이브러리 불러오기

이제 구체적으로 코딩을 시작해보자. 우선 코딩에 필요한 라이브러리를 불러온다.

```
import numpy as np
```

이것은 numpy 라이브러리를 np라는 이름으로 불러오는 것이다. 참고로 캐글 code에서는 첫 번째 입력 창에 기본 라이브러리인 pandas와 numpy를 호출하는 것이 포함되어 있다. 행렬 계산에 특화되어 있는 numpy와 데이터 전처리에 유용한 pandas를 기본적으로 불러온다. import os 아래의 코드는 /kaggle/input/ 폴더 아래에 있는 파일 목록을 불러오는 명령어다. 입력된 데이터가 있는 경우에는 입력된 데이터 목록을 불러온다.

(b) 데이터 불러오기

이제 데이터를 불러오도록 한다. 여기서 사용할 데이터는 sklearn 프레임워크에 포함되어 있는 iris_dataset이다. 이 데이터를 불러오려면 load_iris 함수를 먼저 불러와야 한다.

```
from sklearn.datasets import load_iris
# sklearn 프레임워크의 datasets 모듈에서 load_iris 함수 불러오기(import)
X, y = load_iris(return_X_y = True)
# return_X_y = True 데이터를 X, y로 분리해 불러오기
X.shape, y.shape
```

sklearn에 포함된 datasets에서 load_iris를 호출해 load_iris() 함수에서 iris_dataset을 불러온다. 이때 return_X_y 인수는 iris_dataset 내부의 데이터를 X와 y로 나누어 불러오도록 설정하는 인수다.

Iris 데이터를 X, y 변수로 분리해 각각 X와 y에 저장한다. X.shape, y.shape 으로 각 데이터의 크기를 확인한다. 여기서 X는 4개의 독립변수 데이터이고, y는 레이블이다. X에는 150×4 크기의 데이터가 들어 있고, y에는 150개의 레이블 데이터가 들어 있다.

◀ 혼자 정리하는 딥러닝 ▶

함수 호출 문법

함수를 호출할 때는 함수 이름만 적고, 실제 함수를 사용할 때는 반드시 괄호를 포함해야 한다. 여기서도 함수를 호출할 때는,

```
from sklearn.datasets import load_iris
```

함수를 사용할 때는,

```
X, y = load_iris(return_X_ y = True)
```

이와 같이 괄호가 들어간다. 인수가 없을 경우에도 반드시 괄호가 있어야 한다.

```
X = load_iris()
```

(c) 데이터 분석

Iris_dataset이 어떤 상태인지 확인해본다. 데이터의 분포와 특성을 어느 정도 미리 파악해두는 것이 목적이다. 딥러닝의 경우는 이 과정이 그리 중요하진 않지만, 머신러닝 알고리즘을 사용하는 경우에는 사전에 충분한 분석이 필요하다.

```
X.mean(axis = 0), X.std(axis = 0), X.max(axis = 0), X.min(axis = 0)
```

여기서는 간단한 통계값들만 확인해보겠다. 통계값들은 numpy 함수로 쉽게 구할 수 있다. 데이터가 가로 4개, 세로 150개인 표 형식이므로, 각 변수들에 대한 통계값을 구할 때 axis 인수를 사용한다. axis=0 은 가로축이며, axis=1 이면 세로축을 기준으로 계산된다. 코드에서처럼 axis=0을 사용하면 각 변수별로 통계값을 계산해준다.

(d) 데이터 분리하기

학습을 본격적으로 준비하는 단계이다. 학습을 진행하기 위해서는 학습용 데이터와 평가용 데이터를 분리해야 한다. 여기서는 sklearn에 있는 train_test_split() 함수를 사용한다. 우선 sklearn에서 model_selection 라이브러리에 있는 train_test_split() 함수를 호출한다.

```
from sklearn.model_selection import train_test_split
train_x, test_x, train_y, test_y = train_test_split(X, y, test_size = 0.3,
random_state = 42, stratify = y)
```

train_test_split은 데이터를 학습용과 평가용으로 분리해주는 함수다. test_size=0.3은 평가용 데이터의 비율을 30%로 설정한 것으로, 전체 150개의 데이터 중 30%인 45개가 평가용 데이터가 된다. random_state는 데이터를 고르는 랜덤 시드 값으로 적당한 값을 정수형으로 입력하면 되며 삭제해도 무방하다. stratify는 계층화한다는 의미로 데이터를 분리할 때 y값의 비율을 기준으로 데이터를 나누라는 의미로 사용한다. 여기서 y 값은 레이블로 값의 종류는 0, 1, 2이고 비율이 1:1:1이므로 분리된 데이터의 train_y, test_y 값의 0, 1, 2 비율도 각각 1:1:1이 된다.

(e) 데이터 전처리

딥러닝 학습을 진행하는 과정에서 데이터 값의 범위가 너무 크면 여러 층을 지나면서 결과가 잘 수렴하지 않게 된다. 그러므로 미리 데이터의 값의 범위를 적당히 −1~1 또는 0~1 사이로 설정한다. (c) 데이터 분석에서 데이터 값의 범위를 확인할 수 있다. 여기서는 간단한 선형 모델을 사용하므로 데이터 전처리 없이 학습을 해보고, 응용 문제로 데이터 전처리 후 학습시킴으로써 그 결과를 비교해보도록 한다.

3. 모델 설정

구현하고자 하는 목적이 붓꽃의 종류를 예측하는 분류 문제이고, 150개의 데이터는 정형화된 데이터로 4개의 독립변수와 하나의 종속변수로 이루어진 간단한 형태다. 이런 경우에 적합한 모델은 선형 분류 모델이다.

간단한 분류에 적합한 모델은 랜덤 포레스트, 부스팅 등의 고전 모델과 선형 모델이 있다. 여기서는 딥러닝 과정을 연습하는 것이기에 선형 모델을 사용한다. 선형 모델에 대해서는 Part 4에서 자세히 배운다.

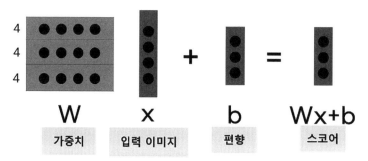

[그림 3-3] 선형 모델 : 4개의 입력 데이터와 3개의 출력값(class)

3.1 선형 모델

여기서는 선형 모델을 분류를 위한 모델로 사용한다. 선형 모델은 회귀 문제 분류에도 사용 가능하며, 단지 최종 출력층의 출력값 개수로 회귀 문제와 분류 문제를 구분할 뿐이다. 물론 최종 출력층에 사용하는 손실 함수도 달라지는데, 3종류 이상의 다중 분류에서는 손실을 정의하기 위해 softmax 활성화 함수와 cross entropy loss를 사용하며, 이진 분류에선 sigmoid 활성화 함수와 binary_crossentropy loss를 사용한다(자세한 내용은 Part 4에서 다룬다). 회귀 문제의 경우 활성화 함수 없이 손실 함수만 정의하면 되며 주로 MSE를 사용한다.

선형 회귀의 경우에는 입력 데이터의 개수에 따라 단순 선형 회귀와 다중 선형 회귀로 분류되며, 선형 모델을 설정할 때는 입력 데이터 크기만 다르고 다른 설정에 차이는 없다.

선형 모델의 코딩은 Dense() 함수를 사용한다. 이 장에서는 작동 원리를 체험하는 것이 목적이므로 자세한 내용은 Part 4에서 다룬다.

(a) 선형층

이 책에서 사용하는 기본 프레임워크는 케라스(keras)이다. 케라스는 딥러닝에 특화된 프레임워크로 선형 층을 위한 별도의 라이브러리가 정의되어 있지는 않다. 하지만 딥러닝 자체가 선형 층의 결합으로 만들어지기에 단순층을 만들면 바로 선형 층이 된다. 케라스에서 선형 층은 Dense() 함수로 정의한다. Dense() 함수의 사용법을 알아보자.

```
Dense(output, activation, input_shape)
```

인수 설명

- output : output은 최종 출력값의 개수이므로 class 개수인 3이 된다.
- input_shape : 입력 벡터 형태는 4개의 변수이므로 4이고, 입력 형태는 한 개의 4차원 벡터가 아닌 여러 개의 4차원 벡터이므로 4, 로 입력해 input_shape=(4,)이 된다.
- activation: activation은 해당되는 경우에만 설정하는데, 선형 회귀의 경우는 설정하지 않으며 분류 문제인 경우라면 softmax 로 설정한다.

인수를 이 장의 iris_dataset에 맞추어 설정해보자. 우선 output은 이 데이터셋이 3종류의 붓꽃을 분류하는 데이터이므로 3이 된다. activation은 활성화 함수로 다중분류인 경우에는 'softmax'로 설정한다. input_shape은 입력되는 벡터의 형태이다. 여기서는 입력 벡터가 독립변수 4개이므로 4가 되는데, input_shape에서는 4 크기의 데이터 여러 개를 입력한다는 의미로 (4,)로 설정한다. 만약 입력 형태가 (2, 3)이라면 input_shape=(2, 3,)로 설정한다. 이를 반영해 코드를 작성하면 다음과 같다.

```
Dense(3, activation = 'softmax', input_shape = (4, ))
```

◀ 혼자 정리하는 딥러닝 ▶

numpy에서의 차원 표현

Numpy는 기본적으로 배열을 다루는 라이브러리이다. 배열의 경우에는 차원이 정의되며, 이는 벡터나 행렬의 차원과 비슷하다. 1차원 배열은 한 줄로 나열된 데이터이고, 2차원 배열은 행과 열이 있는 행렬과 같은 구조이다. 3차원은 가로, 세로, 높이처럼 3개의 방향성을 가지는 데이터이다. 만약 배열이 2차원이고 행이 4, 열이 5인 데이터이면 이 데이터의 shape는 (4, 5)가 된다.

4개의 숫자로 이루어진 1차원 배열의 경우는 구성 요소가 하나이므로 (4)라고 적을 수 있지만, 이 경우는 2차원에서 볼 때 행인지 열인지 구분이 되지 않는다. 그래서 1차원의 경우는 shape를 (4,)처럼 행 데이터로 표현한다.

이제 모델을 전체 코드에 맞게 작성해보자. keras에서는 Sequential 모델을 지원하는데 이는 하나하나 층을 쌓아가는 형태로 만들어지는 모델이다. 층을 쌓을 때 add를 사용한다. 여러 종류의 층(layer)을 지원하며 여기서는 선형 모델을 위한 Dense 층을 불러와 사용한다.

(b) 모델 설정 라이브러리 불러오기

```
from tensorflow.keras.models import Sequential
from tensorflow.keras.layers import Dense
```

Keras의 models 라이브러리에 있는 Sequential 함수와 layers 라이브러리에 있는 Dense 함수를 호출한다.

(c) 모델 설정

```
md = Sequential() # 모델명을 md로 정의
md.add(Dense(3, activation = 'softmax', input_shape = (4, )))
md.summary()    # md 모델을 요약해서 출력
```

Sequential() 함수를 md로 호출한다. md는 모델명으로 사용한 변수이다. Sequential 모델은 add를 사용해 층을 추가한다. 딥러닝은 층을 계속 추가하면서 설정되기에 add를 이용해 층을 추가하는 것이 딥러닝에 적합한 것 같다. 여기서는 하나의 Dense 층을 사용하므로 md.add() 안에 Dense 층을 추가하면 된다.

summary() 함수는 설정한 모델을 요약해서 출력해준다.

4. 손실 계산

분류 문제에는 기본적으로 cross entropy loss를 손실 함수로 사용한다. 분류에는 0과 1 두 가지를 분류하는 이진(binary) 분류와, 3종류 이상을 분류하는 다중(multi) 분류가 있다. 이진 분류일 때는 activation='sigmoid'를 사용하고 손실 함수의 경우 loss='binary_crossentropy'를 사용한다. 다중 분류의 경우는 activation='softmax'를 사용한다. 손실 함수는 레이블의 형태에 따라 다르게 사용하는데, 레이블이 one-hot 벡터 형태이면 loss='categorical_crossentropy'를, 단순한 숫자의 형태(0, 1, 2 등)일 때는 loss='sparse_categorical_crossentropy'를 사용한다. 이를 정리하면 [표 3-1]과 같다. One-hot 벡터는 벡터의 원소들의 값이 하나만 1이고 나머지는 0인 벡터를 의미한다.

문제 종류	Label 차원(형태)	activation	Loss 함수
이진 분류	1 (0 또는 1)	sigmoid	binary_crossentropy
다중 분류	n (One-hot 벡터)	softmax	categorical_crossentropy
다중 분류	n (숫자 0, 1, 2, …)	softmax	sparse_categorical_crossentropy
회귀	1 (실수)	–	mse / mae

[표 3-1] 문제 종류와 손실 함수

Iris_dataset의 경우, 문제 종류는 3 class를 분류하는 다중 분류 문제이고 레이블은 숫자 형태의 데이터이므로 이에 적합한 형태는 숫자 레이블인 다중 분류다. activaton은 이미 앞에서 모델을 설정할 때 Dense 층에서 설정했으며, loss는 다음 절에서 설정한다.

```
Dense : activation = 'softmax'
compile : loss = 'sparse_categorical_crossentropy'
```

◀ 혼자 정리하는 딥러닝 ▶

one-hot 벡터

분류 문제에서 레이블이 범주형 데이터일 때, 그 범주가 숫자형 데이터(예: 0, 1, 2, 3)인 경우가 있고 문자형 데이터(예: 고양이, 강아지, 개구리, 말)인 경우가 있다.

분류 문제를 해결하기 위해 레이블이 계산 과정에서 서로 연계되지 않도록 할 필요가 있다. 만약 숫자형 데이터인 범주면 계산 결과가 0, 1, 2, 3이 되는 것이 아니라 그 사이의 숫자가 출력된다. (예: 0.5, 1.3, 3.5 등) 이런 경우 어떤 레이블이 답이 되는지 분간하기 어렵다. 간단히 0.5~1.5를 1로 할 수 있지만, 실제 계산에서 매우 부정확한 결과를 도출한다. 그래서 고안한 것이 one-hot 벡터이다. one-hot 벡터는 그림처럼 범주형인 데이터를 벡터로 만들어주는 것이다. 이때 벡터 형태가 범주에 해당되는 위치면 값이 1이고 나머지는 0이 된다. 이렇게 설정하면 레이블이 서로 간섭할 수 없게 된다. 참고로 이러한 개념을 선형대수에서 선형독립이라 하며 이러한 벡터를 기저(basis)라 한다.

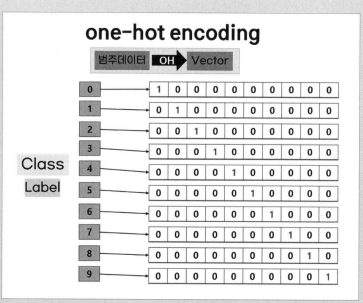

[그림 3-T1] one-hot encoding

범주형 데이터가 숫자형이 아닌 경우에도 숫자와 마찬가지로 각각의 범주를 하나의 one-hot 벡터로 변환해준다. 이러한 과정을 one-hot encoding이라 하며, 구체적인 방법은 Part 4에서 다룬다.

5. 최적화

최적화는 기본적으로 경사하강법을 사용한다. 하지만, 실제 코딩에서는 batch_size별로 데이터를 잘라 경사 하강법을 실행하는 SGD(Stochastic Gradient Descent)를 사용한다(자세한 내용은 Part 4에서 다룬다).

학습을 위해서는 몇 번 학습을 시킬지를 정해주어야 한다. 학습 횟수를 지정하는 인수는 epochs이다. 1 epoch(에포크)는 데이터 전체를 한 번 학습시키는 주기다.

최적화를 통해 학습된 모델에 새로운 값을 입력해 예측값을 추정한다. 이 장에서는 새로운 값을 예측하는 경우가 아닌 기존 데이터를 분리해서 검증용 데이터에 대한 결과값을 확인해보도록 한다.

5.1 compile: loss, optimizer, metrics

학습을 위해서는 compile을 먼저 실행해야 한다. compile에는 손실 함수(loss)와 최적화 함수(optimizer)를 필수적으로 설정하고 선택 사항으로 출력할 측정값(metrics)을 지정할 수 있다. 여기서는 손실 함수를 앞에서 정의한 sparse_categorical_crossentropy를 사용하고 최적화 함수로 SGD를 사용한다. 측정값은 보통 정확도를 측정하며 acc로 설정한다.

5.2 fit : input, output, epochs, batch_size, validation_data, validation_split

학습 진행은 fit 함수를 사용하며 함수에 입력 데이터, 출력 데이터(레이블), 학습 횟수(epochs), 회당 데이터 개수(batch_size)를 필수적으로 설정한다. 전체 데이터가 적은 경우 batch_size를 설정하지 않을 수 있으며, 이 경우 배치 사이즈는 전체 데이터 개수가 된다.

전체 데이터가 1000개이고 batch_size=100이면 한 번의 학습에 데이터 100개를 사용해 10번 경사하강(미분 계산)을 실행해 하나의 epoch를 완성한다. 즉 한 epoch에 전체 데이터를 모두 사용하지만, 실제 학습(미분 계산)은 데이터 100개당 한 번 실행되어 한 epoch에 10번의 학습이 진행된다.

또한 검증용 데이터나 검증용 인수를 설정할 수 있다. 검증 데이터가 따로 설정되어 있을 경우 validation_data=(val_x, val_y)로 설정할 수 있다. val_x는 검증용 입력 데이터이고 val_y는 검증용 출력 데이터(레이블)이다. 검증용 데이터가 별도로 설정되어 있지 않은 경우, 학습용 데이터의 일부분을 검증용 데이터로 분리해 사용할 수 있다. 이때 사용하는 인수는 validation_split으로, validation_split=0.2와 같이 설정할 수 있다. 0.2는 학습용 데이터의 20%를 검증용으로 사용한다는 의미다.

앞의 학습 과정을 코드로 작성해보면 아래와 같다.

```
md.compile(loss = 'sparse_categorical_crossentropy',
optimizer = 'sgd', metrics = 'acc')
hist = md.fit(train_x, train_y, epochs = 200)
        # 학습 과정을 hist 변수에 저장
        # 전체 데이터 개수가 적으므로 batch_size는 설정하지 않음
```

이렇게 작성하면 200번의 학습이 실행된다.

5.3 예측 평가

앞에서 학습된 모델로 결과를 예측하기 위해 보통 predict 함수를 사용하는데, 평가용 데이터를 입력하면 결과로 예측 레이블을 출력한다. 그렇기에 predict 함수는 결과값을 예측하는 경우에 사용한다. 이미 평가용 데이터의 레이블을 알고 있을 경우에는 정확도만 계산해볼 수도 있는데, 이때는 evaluate를 사용한다.

```
md.predict(test_x)
# 결과값 예측
md.evaluate(test_x, test_y)
# 결과값의 정확도 측정
```

6. 선형 회귀 최적화 과정

이전까지 선형 분류 모델로 학습을 진행하는 과정을 살펴보았다. 이 절에서는 선형 회귀 문제를 예로 들어 최적화 과정이 구체적으로 어떻게 이루어지는지 살펴본다.

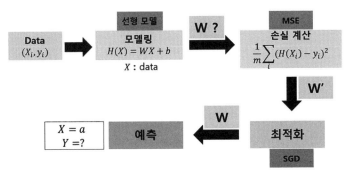

[그림 3-4] 선형 회귀 학습 과정

선형 회귀 모델은 선형 분류 모델과 비교할 때, 코딩 상으로는 손실 함수에 차이가 있을 뿐이다. 구체적으로는 최종 출력층이 하나의 출력값을 갖는다는 것 또한 차이라 할 수 있지만, 코딩상 출력층의 개수는 단순한 설정이기에 모델 구성에는 별 차이가 없다.

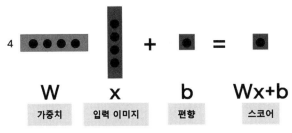

[그림 3-5] 선형 회귀 모델

더 구체적으로 살펴보자. 위 그림에서 보듯 선형 분류는 score 함수가 class별로 있기에 class 개수만큼의 score 함수가 설정된다. 그렇기에 가중치 W도 행렬 형태가 된다. ([그림 3-3] 참조) 반면 선형 회귀 모델에서는 score 함수가 하나만 지정되고 가중치의 형태도 단순한 벡터이므로 계산이 좀 더 간단하게 진행된다. 즉, 선형 분류 모델은 선형 회귀 모델을 여러 개 합친 것으로 이해할 수 있다.

선형 분류의 경우는 activation을 softmax로 설정했다. 반면, 선형 회귀의 경우는 activation 설정 없이 바로 손실 함수를 적용한다. 분류 문제는 activation 과정에서 분류 가능하도록 class별로 출력값을 확률값으로 변환하지만, 회귀 문제는 각각의 값 자체를 구하는 것이 목적이기에 별다른 활성화 처리를 하지 않고 결과값 자체를 예측한다.

손실 함수의 경우, 분류 문제는 결국 확률 분포를 비교하는 것이라 cross_entropy loss를 사용하지만, 회귀 문제는 실수값의 차이를 줄이는 것이 목적이기에 보통 MAE나 MSE를 사용한다.

선형 분류 모델과 선형 회귀 모델은 가중치, score 함수, activation, 그리고 손실 함수에서 차이가 있다. 결국 구하고자 하는 것이 무엇인가에 따른 차이라 볼 수 있다.

이제 구체적으로 최적화가 어떻게 이루어지는지를 간단한 예를 통해서 알아보도록 한다.

6.1 데이터 분석

x(시간)	y(생산량)
1	12
2	25
3	33
4	45

[표 3-2] 가동 시간당 생산량

[표 3-2] 데이터는 가동 시간당 생산량을 나타낸 것으로 시간은 1~4시간까지 1시간 단위로 나타내었고, 그 시간만큼 기계를 가동했을 때 생산된 양을 기록한 것이다. 가동 시간이 증가할수록 생산량도 증가한다.

6.2 모델 설정

여기서는 선형 회귀 모델로 설정한다. 이 데이터를 선형 회귀 모델로 근사한다는 것은 아래 그림처럼 이 데이터들에 가장 가까운 직선을 구하는 것이다. 이 직선을 모델로 설정하면 하나의 직선식으로 설정된다.

모델: $y=ax+b$

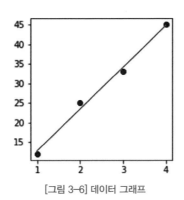

[그림 3-6] 데이터 그래프

6.3 손실함수

직선과 점들 사이의 거리를 나타내는 지표로, 사실 직선과 점의 거리가 아닌 주어진 x 값에 대한 y 값을 비교한 것이다. 즉 참값 $\hat{y}$과 근사값 y의 차이를 나타낸 것이다. 여기서는 손실 함수로 MSE를 사용한다. 손실을 구체적으로 계산하면 다음과 같다.

$$L(a, b) = \sum_{i=1}^{4} (y_i - \hat{y}_i)^2 = (a+b-12)^2 + (2a+b-25)^2 + (3a+b-33)^2 + (4a+b-45)^2$$

위 식을 간단히 하면 다음과 같은 2차식을 얻게 된다.

$$L(a, b) = 30a^2 + 20ab - 682a + 4b^2 - 230b + 3883$$

여기서 손실 함수 $L(a, b)$는 입력변수 a, b로 이루어진 2차 함수이며, a, b는 선형 회귀 모델의 가중치(또는 매개변수)다.

6.4 최적화

다음 과정은 미분 계산이 포함되어 있으나 미분 계산 과정은 설명을 위한 것으로 참고만 해도 무방하다.

최적화 과정은 손실 함수를 미분해 손실 함수가 최소가 되는 입력 벡터 (a, b)를 찾는 과정이다. 이 과정이 경사 하강법이다. 여기서는 실제 주어진 함수를 통해 경사 하강 과정을 계산해보겠다.

(a) 미분 계산

우선 손실 함수의 미분을 구해보자. 손실 함수 $L(a, b)$를 각각 변수 a와 b로 편미분을 계산해보면 다음과 같이 구해진다.

$$\frac{\partial L}{\partial a} = 60a + 20b - 682, \quad \frac{\partial L}{\partial b} = 20a + 8b - 230$$

이를 합쳐 적으면 손실 함수의 미분 $\nabla L = [60a + 20b - 682, 20a + 8b - 230]$이 된다.

보통 딥러닝 과정에서 가중치의 개수는 최소 수백 개에서 최대 수억 개씩이나 되기에 손실 함수를 전체 변수에 대해 미분해 도함수를 구하는 것은 매우 복잡한 계산이다. 하지만 여기서는 가중치가 2개이고 함수도 매우 간단해 실제 최솟값을 미분으로 바로 구할 수 있다. 경사하강법과 비교하기 위해 미리 계산을 해보겠다.

(b) 최솟값 계산

함수의 최솟값이 되는 점은 극소점이다. 특히 손실 함수가 2차식이므로 최솟값은 극소값이 된다. 극소값이 되는 곳에서 미분값은 0이다. 따라서 미분이 0이 되는 점은 위 미분식이 다 0이 되는 경우로 다음 두 조건을 만족한다.

$$\frac{\partial L}{\partial a}=60a+20b-682=0, \quad \frac{\partial L}{\partial b}=20a+8b-230=0$$

이 방정식을 풀면, 극소점은 $(a, b)=(10.7, 2)$가 되며 그때 최솟값은 $L(10.7, 2)\approx4.3$이다.

(c) 경사하강법

이제 경사 하강법으로 한 단계씩 진행해보자.

$$W^{(i+1)}=W^{(i)}-h\frac{\partial L}{\partial W}(W^{(i)})$$

우선 출발점을 정해야 한다. 출발점은 딥러닝 과정에서는 랜덤으로 주어지지만, 여기서는 $(20, 10)$에서 시작한다. 즉 $W^{(0)}=(a_0, b_0)=(20, 10)$이 된다. 학습률 $h=0.01$로 설정한다.

1단계: $W^{(0)}-(a_0, b_0)-(20, 10)$

출발점에서 손실값은 $L(20, 10)=4343$이 되고, 미분값을 계산해보면 $\frac{\partial L}{\partial W}(20, 10)=(718, 250)$이 된다. 이것을 경사하강법 식에 대입해보면 다음과 같이 계산된다.

$$W^{(1)}=W^{(0)}-h\frac{\partial L}{\partial W}(W^{(0)})=(20, 10)-0.01(718, 250)=(12.82, 7.5)$$

따라서 $W^{(1)}=(12.82, 7.5)$이며 이때 손실은 $L(12.82, 7.5)=493.332$로, 처음보다 상당히 줄어들었다.

2단계: $W^{(1)}=(a_1, b_1)=(12.82, 7.5)$

1단계와 같은 방식으로 계산하면 다음과 같다.

$$W^{(2)}=W^{(1)}-h\frac{\partial L}{\partial W}(W^{(1)})=(12.82, 7.5)-0.01237.2, 86.4)=(10.448, 6.636)$$

따라서, $W^{(2)}=(a_2, b_2)=(10.448, 6.636)$이며, 이때 손실은 $L(a_2, b_2)=68.8097$이다.

3단계: $W^{(2)}=(a_2, b_2)=(10.448, 6.636)$

2단계와 마찬가지로 계산하면,

$$W^{(3)}=W^{(2)}-h\frac{\partial L}{\partial W}(W^{(2)})=(10.448, 6.636)-0.01(77.6, 32.048)=(9.672, 6.31552)$$

따라서, $W^{(3)}=(a_3, b_3)=(9.672, 6.31552)$이며, 이때 손실은 $L(a_3, b_3)=21.7713$이다.

실제 가중치의 참값 $(a, b)=(10.7, 2)$와 비교해보면, 출발은 $(20, 10)$이었는데 a값은 20에서 10.7로 빠른 속도로 수렴하고 있으나, b는 10에서 2로 상대적으로 느리게 줄어들고 있다. 손실은 4343, 493, 69, 21로 비교적 빠른 속도로 줄어들고 있다.

이와 같은 방식이 실제 경사 하강법으로 손실을 최적화시키는 과정이다. hyper-parameter인 학습률 h와 초기값에 따른 계산 시의 속도와 수렴 정도는 많이 달라진다. 예시로 든 손실 함수의 경우에는 학습률이

0.03 이상이면 손실값이 줄어들지 않고 오히려 발산한다. b의 초기값을 5로 잡으면 비교적 빨리 2로 수렴하게 된다.

이렇게 수렴 속도에 차이가 있는 것은 [그림 3-7]에서 보면 a축은 변화가 확실한 반면, b축은 변화가 별로 없는 그래프이다. 이러한 그래프의 특성이 수렴성에 영향을 준다.

이러한 문제들은 경사 하강법의 한계로 이를 개선하기 위한 최적화 기법들이 많이 연구되어 있다. 이러한 최적화 기법은 Part 5에서 다룬다.

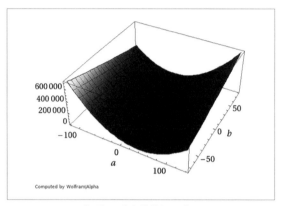

[그림 3-7] 손실 함수 그래프

6.5 예측

최솟값 계산에서 최솟값을 갖는 점은 (10.7, 2)였다. 이것은 선형 회귀 모델의 가중치이므로 직선식에 대입해보면 $y=10.7x+2$가 된다. 여기에 $x=5$일 때의 예측값을 계산하면 $y(5)=10.7 \cdot 5+2=55.5$로 계산되며, 5시간 동안 생산하면 생산량이 55.5가 된다는 의미이다.

최적화 과정에서도 똑같이 $x=5$일 때의 예측값을 계산해보면, 1단계에서는 71.6, 2단계에서는 58.9, 3단계에서는 54.7로 모델의 예측값에 점점 가까워진다.

선형 회귀 모델은 가중치 계산에서 가장 간단한 모델이라고 볼 수 있다. 선형 분류 모델이 되면 선형 회귀 모델 몇 개를 합친 형태라 계산도 복잡해진다. 하지만 기본적인 최적화 과정은 동일하다. 그렇기에 선형 회귀 모델의 최적화 과정을 이해하면 다른 딥러닝 모델의 최적화 과정을 충분히 이해할 수 있을 것이다.

■ 선형 분류는 선형 모델을 사용한 분류 문제를 해결하는 기법이다.

■ 선형 모델은 입력 데이터를 벡터화해 행렬에 곱한 후 결과를 출력하는 방식의 모델이다. 이때 학습되는 매개변수는 행렬의 원소와 벡터의 원소들이다.

■ 선형 분류 과정은 우선 데이터를 준비하고 선형 모델로 설정한다.

■ 분류 문제이므로 선형 층에서의 활성화 함수를 'softmax'로 설정하고 compile에서 손실 함수를 'categorical_crossentropy'로 설정한다.

■ 학습은 전체 데이터를 사용하는 횟수인 epochs를 설정하고, 학습 단위인 batch_size를 설정해 진행한다.

■ 학습된 모델에 평가용 데이터로 예측(predict)해 결과를 확인하거나, 평가(evaluate)하면 정확도를 확인해볼 수 있다. 이 과정을 통해 선형 분류의 각 과정을 Dense 함수를 사용해 keras 코드로 작성해보았다.

■ 선형 회귀는 선형 분류와 비슷하게 선형 모델을 사용하여 회귀 문제를 해결하는 방법이다. 선형 모델을 사용하는 것은 비슷하지만, 선형 분류와 달리 선형 층에서 활성화 함수를 설정하지 않으며, compile에서 손실 함수를 'mse' 또는 'mae'로 설정한다.

■ 선형 회귀의 최적화 과정을 계산 과정을 통해 자세히 살펴보았고, 이를 통해 최적화가 어떤 과정으로 진행되는지 확인해보았다.

연습 문제

[1~5] 다음 괄호 안에 들어갈 적당한 용어는 무엇인가요?

1 학습을 진행하기 위해 모델을 설정한 후 compile에서 반드시 설정해야 하는 인수에는 손실 함수를 설정하는 (　　)와 최적화 함수를 설정하는 (　　)가 있고, 정확도 등의 측정치를 설정하는 (　　)가 있다.

2 학습을 진행하는 fit 함수에서 반드시 설정해야 하는 인수에는 입력 데이터와 출력 데이터(레이블), 그리고 전체 데이터를 몇 번 사용할지를 설정하는 (　　)와 한 번의 학습에 사용할 데이터 개수를 설정하는 (　　)가 있다.

3 선형 회귀에서는 activation 함수를 사용하지 않으며, loss 함수는 절대값으로 계산하는 (　　) 또는 제곱의 평균으로 계산하는 (　　)를 사용한다.

4 선형 분류에서 사용하는 activation 함수는 이중 분류인 경우는 (　　), 다중 분류인 경우는 (　　)를 사용한다.

5 선형 분류와 선형 회귀의 Dense 층에서의 설정 차이는 선형 회귀에서는 activation을 설정하지 않고 출력층의 개수를 (　　)로 설정하고, 다중 선형 분류에서는 activation을 (　　)로 설정하고 출력층은 (　　) 종류와 같은 크기로 설정한다.

[6~7] 다음 질문에 알맞은 코드를 작성하세요.

6 입력 벡터 크기가 8이고 출력 벡터의 크기가 4인 다중분류 선형모델의 선형 층의 코드를 작성하세요. (Dense 층)

7 입력 벡터 크기가 10인 이진 분류 선형 모델에서 선형 층(Dense)과 compile 코드를 작성하세요.

[8~9] 다음 질문에 주어진 계산 값을 구하세요

8 Class가 5인 분류 문제에서 레이블을 one-hot encoding할 때, 이 레이블은 몇 차원 벡터가 되나요?

9 전체 데이터 개수가 10000개이고 batch_size=200, epochs=5이면 실제 학습(미분 계산)은 몇 번 수행되나요?

[10~12] 심화: 다음 값을 계산해보세요.

10 참값이 (3, 2, 1)이고 모델 계산값이 (2, 1, 0)일 때 MAE 손실과 MSE손실을 각각 구하세요.

11 경사하강법 계산에서 현재 스텝에서의 가중치가 (12.3, 7.2)이고 미분값이 (2, 5), 스텝 사이즈 $h=0.1$일 때 다음 스텝의 가중치를 구하세요.

12 경사하강법으로 손실 함수가 $y=x^2-3x$인 경우에 출발점 $x=2$에서 3개의 스텝을 계산하세요. (단 $h=0.2$)

실습 예제_ 선형 분류 모델

문제: iris_dataset을 이용한 선형 분류 모델 만들기

해설: 본문에서 설명한 코드를 연결해 전체 프로그램을 만들어보자.

1 기본 라이브러리 불러오기

```
import numpy as np
# import pandas as pd
# 여기까지는 kaggle 첫 번째 기본 명령어를 실행하면 된다.
```

2 데이터셋 불러오기

```
from sklearn.datasets import load_iris
X, y = load_iris(return_X_y = True)
```

3 데이터 전처리 : 데이터 분리

```
from sklearn.model_selection import train_test_split
train_x, test_x, train_y, test_y = train_test_split(X, y, test_size = 0.3,
random_state = 42, stratify = y)
```

4 모델 설정

```
from tensorflow.keras.models import Sequential
from tensorflow.keras.layers import Dense
md = Sequential()
md.add(Dense(3, activation = 'softmax', input_shape = (4, )))
md.summary()
```

```
Model: "sequential_8"

Layer (type)                Output Shape              Param #
=================================================================
dense_7 (Dense)             (None, 3)                 15
=================================================================
Total params: 15
Trainable params: 15
Non-trainable params: 0
_____
```

[그림 3-8] 모델 요약

5 모델 compile : 손실 함수, 최적화 함수, 측정 함수 설정

```
md.compile(loss = 'sparse_categorical_crossentropy',
optimizer = 'sgd', metrics = 'acc')
```

6 모델 학습 : 학습 횟수(epochs), 검증 데이터 분리 설정

```
hist = md.fit(train_x, train_y, epochs = 300, validation_split = 0.2)
# history에서 loss와 val_loss 데이터를 따로 저장
```

7 학습 분석: 학습 곡선

7-1 학습 과정 데이터

```
loss = hist.history['loss']
val_loss = hist.history['val_loss']
epoch = np.arange(1, len(loss)+1)
# loss 데이터의 길이만큼 그래프에서 사용될 x축 값 생성
```

7-2 학습 곡선 그래프 그리기

```
import matplotlib.pyplot as plt
plt.figure(figsize = (10, 6))
plt.xlim(5, len(loss)+1)
```

```
# x축의 범위 설정. 처음에는 1부터 그리며, 앞부분 차이가 너무 크면 전체 그래프를 보기가 어려우니 적
당히 앞부분을 잘라준다. 이 경우 5로 잘랐다.
# plt.ylim(0.3, 1.5) # y축 범위 설정. 보통은 생략해도 무방.
plt.plot(epoch, loss, 'b', label = 'traing loss')
plt.plot(epoch, val_loss, 'r', label = 'validation loss')
plt.legend()
# plt.savefig('loss.jpg') # 파일로 저장할 때 사용
```

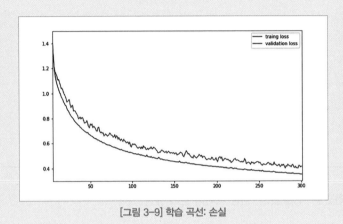

[그림 3-9] 학습 곡선: 손실

8 테스트용 데이터로 모델 평가

```
md.evaluate(test_x, test_y)
2/2 [==============================]-0s 2ms/step-loss: 0.3850-acc: 0.9000
[0.3850276470184326, 0.8999999761581421]
```

테스트 데이터와 레이블로 모델의 정확도를 계산한 것이며, 약 90% 정도의 정확도가 계산된다. 이 예제의 경우는
데이터셋에 이미 테스트 데이터의 레이블이 포함되어 있으므로 바로 evaluate을 하였다.
테스트 데이터로 결과 레이블을 예측할 때는 다음의 코드를 사용하며 보통 다른 변수에 저장해 활용한다.

```
result = md.predict(test_x)
```

심화 문제

1 3.6절의 예제로 선형 회귀 코드를 작성해보세요. (데이터는 직접 입력, Part 2 실습 예제 참조)

2 선형 회귀 모델: test_data.csv

Part 2의 실습 문제에서 다룬 test_data.csv를 선형 회귀 모델로 코드를 작성해보세요. (실습 예제의 선형 분류를 선형 회귀로 변환)

memo

PART

4

선형 모델

학습 목표

- 어떻게 컴퓨터가 이미지 데이터를 인식하게 할 수 있을까?
- 선형 분류기는 어떻게 구성되어 있는가?
- 가중치는 무엇인가?
- Softmax 분류기는 무엇인가?
- 최적화는 어떻게 이루어지는가?
- 선형 모델의 학습은 어떻게 이루어지는가?

4 선형 모델

이 장에서는 딥러닝을 구성하는 기본 단위인 선형 모델에 대해 알아본다.

우선 이미지 데이터가 어떻게 구성되어 있는지 살펴본다.

선형 분류를 위한 선형 분류기의 형태와 구성 요소들을 알아보고, 분류를 위한 활성화 함수인 softmax와 손실 함수인 crossentropy에 대해 배운다.

끝으로 경사 하강법(GD)을 실제 학습에 사용하기 위한 SGD 기법에 대해 알아본다.

1. 선형 모델 과정

Part 3에서 선형 분류 모델과 선형 회귀 모델을 예제로 다루어보았다. 이 장에서는 Part 3에서 다룬 선형 모델이 작동하는 원리를 구체적으로 살펴보도록 한다.

딥러닝 모델을 이해하기 위해서는 가장 간단한 모델인 선형 모델부터 차근차근 파악하는 것이 중요하다. 이미지 데이터를 다루기 위해서는 픽셀과 채널 개념을 알아야 한다. 픽셀과 채널을 통해 이미지 데이터가 수치화되고 컴퓨터가 인식할 수 있는 데이터로 변형된다. 선형 모델은 score 함수로 출력값을 결정하는데, 이는 행렬로 정의되는 함수다. 이 과정에서 가중치와 편향이 정의된다. 선형 분류를 위해서는 softmax 분류기가 필요하며 score 함수로 계산된 출력값을 확률 분포로 만들어준다. 학습할 때 최적화 함수는 경사 하강법을 활용한 SGD(Stochastic Gradient Descent)를 사용한다.

이 장에서는 선형 모델을 이용해 이미지 데이터를 분류하는 문제를 해결하기 위한 과정과 기법들을 다룬다. 이전 장에서 배웠듯 학습을 위해서는 데이터 처리, 학습 모델 설정, 손실 함수 정의, 최적화, 그리고 예측의 과정이 필요하다. 이 장에서 다루는 과정을 하나하나 짚어보자.

- 데이터 처리: 이미지 데이터를 처리하기 위해서는 이미지를 데이터화, 즉 숫자로 표현하는 과정이 필요하다. 컴퓨터 내부에서 이미지가 어떻게 저장되는지를 알아본다. 학습을 진행하기 위해서는 데이터 전처리 과정이 필요한데, 데이터 전처리가 무엇인지도 알아본다.

- 학습 모델 설정: 이미지 처리를 위한 딥러닝 모델이 많이 발전된 상태지만, 가장 기본이 되는 선형 모델을 알아본다. 선형 모델은 입력 이미지를 벡터로 만들고 행렬을 곱해 결과값을 출력하는 모델이다.

- 손실 함수 정의: 학습을 위해서는 손실 함수를 정의해야 한다. 분류 문제에 사용되는 대표적인 손실 함수인 Cross Entropy Loss를 알아본다.

- 최적화: 경사 하강법을 다시 살펴보고, 경사 하강법에 학습 단위인 batch_size를 적용한 SGD에 대해 알아본다.
- 실습: 손글씨 데이터셋인 Mnist를 사용해 분류 문제를 선형 모델로 풀어본다.

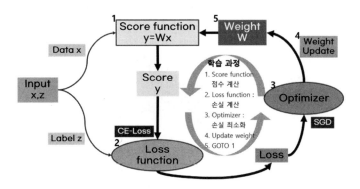

[그림 4-1] 학습과정 : 선형 모델

선형 모델 과정을 정리하면 [그림 4-1]처럼 입력 데이터는 항상 데이터(x)와 레이블(z)로 구성되어 있다.

[그림 4-1]의 과정은 아래와 같다.

(1) 데이터(x)를 벡터화해 Score 함수를 통해 벡터를 출력한다. 이 결과가 score(y)가 된다.

(2) score(y)와 레이블(z)의 차이를 계산하는 것으로 이를 손실 함수라 하며, 계산된 결과를 손실이라 한다.

(3) 계산된 손실을 경사 하강법을 통해 최소화하는 것으로 이를 최적화 과정이라 한다.

(4) 최적화를 통해 가중치를 업데이트 한다.

(5) (4)의 결과가 새로운 가중치 행렬을 만든다.

score 함수의 처음 가중치는 임의의 값으로 주어진다.

2. 이미지 데이터

이미지 데이터는 사진이나 그림처럼 시각적인 정보를 전달하는 데이터다. 사진이나 그림은 사람이 눈으로 보고 인식할 수 있지만, 컴퓨터는 어떻게 이미지를 인식할까? 이미지 데이터가 컴퓨터 내부에서 어떻게 처리되는지를 알아보자.

2.1 데이터 크기

이미지 데이터는 컴퓨터에 저장될 때 가장 작은 화소 단위인 픽셀(pixel) 단위로 숫자화되어 저장된다. 색상은 0~255의 숫자를 사용하며, 각 픽셀마다 이 값으로 색상의 진하기를 나타낸다. 또한 흑백 이미지와 컬러 이미지에는 채널이 있으며, 컬러는 RGB라는 세 채널로 이루어져 있고, 흑백은 하나의 채널로 구성되어 있다. 아래 그림은 실제 픽셀 단위별로 이미지가 저장되어 있는 형태를 나타낸 것이다. 다만 흑과 백의 데이터가 반전되어 있다(원래는 0이 검정, 255가 흰색이다).

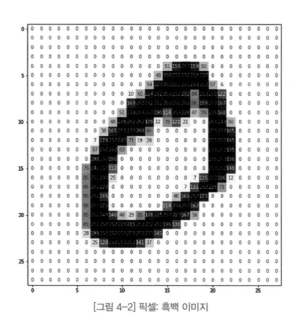

[그림 4-2] 픽셀: 흑백 이미지

흑백 이미지의 경우는 픽셀 크기와 같은 데이터 크기를 갖게 된다. 컬러 이미지의 경우에는 RGB 세 개의 채널마다 픽셀들이 있으므로 데이터 크기는 픽셀 크기의 3배가 된다. 예를 들어 32×32 픽셀 크기를 갖는 이미지의 경우, 흑백 이미지는 32×32=1,024 픽셀의 데이터 크기가 되고, 컬러 이미지인 경우는 32×32×3=3,072개의 픽셀로 되어 있으며 이것이 곧 데이터 크기가 된다.

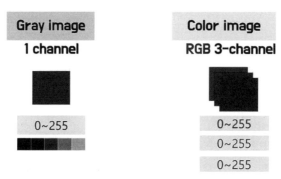

[그림 4-3] 이미지의 채널

2.2 벡터화

선형 모델에서 입력 데이터는 벡터 형태로 처리된다. 원래 이미지는 2차원(흑백 이미지) 또는 3차원 데이터이다. 흑백 이미지인 경우 가로×세로 픽셀 단위로 표현되는 2차원 데이터로 볼 수 있다. 컬러 이미지는 가로×세로×채널 크기의 픽셀 단위로 표현되는 3차원 데이터다. 이때 채널의 값은 3이다. 흑백 이미지의 경우도 컬러 이미지처럼 채널 정보를 넣어 3차원 데이터로 볼 수도 있다. 이 경우 채널의 값은 1이 된다.

벡터화는 이러한 2차원 또는 3차원 데이터를 1차원으로 변환하는 것이다. 선형 모델에서는 행렬과 벡터의 곱셈으로 처리되기에 입력 데이터가 반드시 1차원 벡터여야 한다. 다음 예시는 4×4 픽셀 이미지의 벡터화를 표현한 것이다.

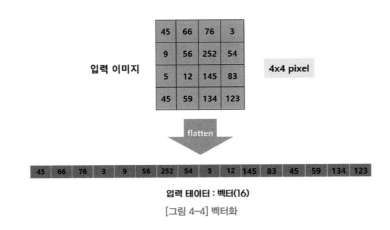

[그림 4-4] 벡터화

◀ 혼자 정리하는 딥러닝 ▶

벡터화 코드

이미지를 벡터화할 때, numpy를 사용하는 경우 flatten 또는 reshape을 사용해 벡터화할 수 있다.

```
# random 함수로 0~255 사이의 임의의 정수를 성분으로 갖는 4×4 행렬을 만든다.
a = np.random.randint(0, 255, (4, 4))
a


# flatten을 사용해 1차원 행렬(벡터)로 만든다.
b = a.flatten()
b
```

```
# reshape을 사용해 행렬 크기를 바꾼다. -1은 자동으로 계산한다는 의미이고 이 경우 16을 적
는 것과 같다. 만약 (2, 8)의 행렬로 바꾸려 한다면 reshape(2, -1) 또는 reshape(2, 8)
둘 다 같은 결과이다.
c = a.reshape(-1)
c
```

keras 프레임워크의 Sequential 모델에서 지원하는 layer 중에 Flatten()을 사용해 행렬 또는 텐서를
벡터화할 수 있다. 자세한 내용은 5장에서 다룬다.

3. 선형 분류기 : Score 함수

선형 모델은 행렬 곱셈을 통해 학습을 시키는 모델이다. 입력 데이터가 이미지인 경우 벡터화를 통해 텐
서(2차원 또는 3차원)를 벡터로 만들어 입력한다. 입력된 벡터에 행렬을 곱해 최종 출력값을 도출한다.
출력값은 회귀 문제의 경우 하나의 값이고 분류 문제의 경우는 분류하는 레이블의 수로 결정된다. [그림
4-5]예는 4개의 픽셀로 이루어진 간단한 이미지 데이터를 나타냈다.

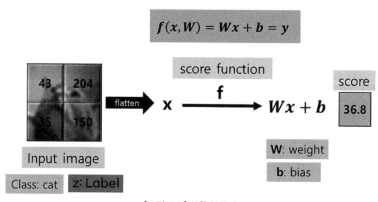

[그림 4-5] 선형 분류기

3.1 Score 함수

선형 모델의 행렬곱 부분을 score 함수라 한다. score 함수는 주어진 입력 데이터에 행렬(가중치)을 곱
하고 벡터(편향)를 더해 하나의 점수(score)를 출력한다. 이 score 함수를 적용하는 층을 선형 층(linear
layer) 또는 Affine 층(Affine layer)이라고 한다. 선형 층에서 사용되는 용어들을 정리해보자. ([더 알아보
기 1: 선형 함수] 참조)

- Score 함수: 입력 데이터에 행렬(가중치)을 곱하고 벡터(편향)를 더해 하나의 숫자(score)를 출력하는 함수이다. 여기서의 행렬의 곱셈은 행렬의 행 벡터와 하나의 열 벡터의 곱으로 두 벡터의 내적과 같다. ([더 알아보기 2: 행렬의 곱셈과 내적] 참조)
- 점수(score): 입력된 데이터에 대한 score 함수의 출력값으로 스칼라다.
- Class: 분류 문제의 경우 분류하는 항목을 class라 한다. 예를 들어 분류 항목이 강아지, 고양이, 배라면 각각의 항목들이 class가 된다.
- 레이블(Label): 분류 문제의 경우 분류 항목을 표기한 값을 말한다. 고양이 이미지의 경우 고양이를 의미하는 숫자 1로 레이블이 되어 있는 방식이다.
- 가중치(weight): score 함수에 사용되는 행렬의 성분을 말한다. 행렬 안에 있는 성분들 각각의 숫자이다.
- 편향(bias): score 함수에서 더해지는 벡터를 의미한다. 가중치는 입력값의 크기를 변화시키고, 편향은 이동시키는 성질이 있다.

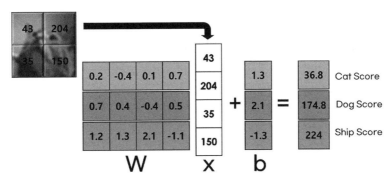

[그림 4-6] score 함수 병렬 처리

행렬의 곱은 여러 개의 score 함수를 동시에 처리하는 병렬 처리 방법이다. [그림 4-6]에서처럼 고양이, 강아지, 배의 3가지 class의 score를 각각 3번 처리해 구하는 것을 행렬 곱셈을 이용해 한 번에 처리가 가능하다. ([더 알아보기 2: 행렬의 곱셈과 내적] 참조) 행렬 곱셈을 통해 각 class별 score를 한 번에 계산한다.

3.2 데이터 전처리

데이터를 학습시키기 전에 데이터 값의 크기(scale)를 조정하는 전처리 과정이 필요하다. 딥러닝은 층이 여러 층으로 되어 있기에 데이터 값이 여러 번 반복되어 계산될 수 있다. 이 과정에서 데이터의 값이 너무 크면 학습과정에서 계산값이 폭주할 수 있고, 너무 0에 가깝게 작으면 소실되는 경우가 생길 수 있다. 이런 현상을 막기 위해 데이터의 값을 보통 −1~1 또는 0~1의 범위로 설정한다.

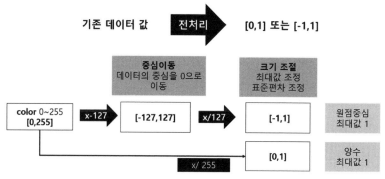

[그림 4-7] 데이터 전처리

데이터 전처리 과정은 기본적으로 중심 이동과 크기 조절로 설정 가능하다. 중심 이동은 데이터 전체의 범위를 평행이동시키는 것이고, 크기 조절은 데이터의 값을 적절히 나누거나 곱해서 데이터 값의 범위를 축소 또는 확대하는 방법이다.

이미지 데이터의 경우 입력값이 0~255로 이루어져 있기 때문에, 단순히 255로 나누어주면 전체 데이터를 0~1 사이값으로 변환시킬 수 있기에 이 방법을 전처리 방법으로 많이 사용한다.

이처럼 데이터 값의 크기와 중심이동을 위한 기법으로 sklearn.proprocessing에서 다음과 같은 클래스들을 지원한다.

- StandardScaler(): 평균이 0, 표준편차가 1이 되도록 변환
- RobustScaler(): 중앙값(median)이 0, IQR(interquartile range)이 1이 되도록 변환
- MinMaxScaler(): 최댓값이 1, 최솟값이 0이 되도록 변환
- MaxAbsScaler(): 0을 기준으로 절댓값이 가장 큰 수가 1 또는 −1이 되도록 변환

그 외에도 문자형 데이터를 숫자로 변환하는 경우와 문자 또는 숫자형 데이터를 one-hot vector로 변환하는 경우가 있다. 데이터 형태를 변환하는 클래스는 pandas에서 지원한다.

- LabelEncoder(): 문자형 데이터를 숫자형으로 변환 (예: 서울, 대전, 부산 → 0, 1, 2)
- OneHotEncoder(): 숫자나 문자 형태의 범주형 데이터를 one-hot vector로 변환

또는 pandas.get_dummies() 함수로 바로 변환이 가능하다.

더⁺알아보기 1

선형 함수 linear function

선형 함수 f는 실수 R 위의 벡터 공간 V에서 다음의 두 성질을 만족하는 함수를 말한다. ($\forall a \in R, \forall x, y \in V$)

$$(1)\, f(x+y) = f(x) + f(y)$$
$$(1)\, f(ax) = af(x)$$

벡터 공간 V의 차원이 1인 경우, 이 두 조건을 만족하는 함수는 $f(x) = mx + b$에서 $b = 0$인, 즉 원점을 지나는 직선 방정식이다. $b \neq 0$인 경우, 즉 원점을 지나지 않는 직선은 여기에 해당되지 않는다. 이런 함수를 Affine map이라 한다. 선형 함수는 원칙적으로 원점을 지나는 직선이어야 하지만, 많은 경우 Affine map을 선형 함수로 혼용해서 사용한다.

벡터 공간 V의 차원이 1보다 큰 경우, $f(x) = Wx + b$의 형태가 되고([그림 2-9] 가중치 참조), W는 행렬이 된다. 이 경우 선형 함수는 원점을 지나는 hyper-plane이 된다. 선형 함수의 특징은 원점은 원점으로 mapping되고($f(0) = 0$), 미분값은 항상 상수($f'(x) = m$ 또는 $f'(x) = W$)가 된다. Affine map의 경우도 미분값은 선형 함수와 똑같이 항상 상수다.

최적화 과정은 손실을 미분해 미분값이 감소하는 방향으로 이동하는 것이다. 그런데 선형 함수는 미분이 항상 일정하기 때문에 최적화 과정에 아무 영향을 줄 수가 없다. 즉 미분값이 감소하는 방향에 영향을 주지 않는다. 그렇기에 선형 함수만으로는 학습이 불가능하다. 다만 전체 학습과정에 포함되어도 선형 함수 자체가 미분값의 크기에 영향을 주긴 하지만 미분을 불가능하게 하지는 않기에, 손실 함수 등에서 최적화가 진행된 후 학습이 진행된다. 이러한 선형 함수의 성질 때문에 Part 5에서 배우는 활성화 함수는 기본적으로 미분 가능하고, 학습을 증진시키기 위해서는 선형 함수가 아니면서 수렴성이 좋은 함수를 사용한다.

더⁺알아보기 2

행렬의 곱셈과 내적

행렬의 곱셈에서 곱셈 결과의 성분은 내적 계산과 같다. 즉 행렬 곱셈은 내적을 나열한 것이다.

우선 내적을 살펴보면, 두 3차원 벡터 $x = (x_1, x_2, x_3), y = (y_1, y_2, y_3)$가 있을 때, 내적은 다음과 같이 정의된다.

$$x \cdot y = \sum_{k=1}^{3} x_k y_k = x_1 y_1 + x_2 y_2 + x_3 y_3$$

행렬의 곱셈은 C=AB인 경우를 살펴보면, A 행렬의 가로 행과 B 행렬의 세로 열을 내적한 값이 C 행렬의 성분이 된다. (A, B 행렬은 2×3, 3×2 행렬, C 행렬은 2×2로 가정한다)

$$C_{ij} = \sum_{k=1}^{3} A_{ik} B_{kj} = A_{i1} B_{1j} + A_{i2} B_{2j} + A_{i3} B_{3j}$$

예를 들어 살펴보면 다음과 같은 형태로 계산이 된다.

$$\begin{pmatrix} 1 & 2 & 3 \\ 0 & -1 & -2 \end{pmatrix} \begin{pmatrix} 4 & 0 \\ 5 & 1 \\ 6 & 2 \end{pmatrix} = \begin{pmatrix} 32 & \\ & \end{pmatrix}$$

$$1 \cdot 4 + 2 \cdot 5 + 3 \cdot 6 = 32$$

이제 내적을 계산하는 과정을 살펴보면 아래와 같이 내적과 행렬의 곱셈은 사실 같은 것임을 알 수 있다.

$$\begin{pmatrix} 1 \\ 2 \\ 3 \end{pmatrix} \cdot \begin{pmatrix} 0 \\ -1 \\ 1 \end{pmatrix} = \begin{pmatrix} 1 & 2 & 3 \end{pmatrix} \begin{pmatrix} 0 \\ -1 \\ 1 \end{pmatrix} = 1$$

$$1 \cdot 0 + 2 \cdot (-1) + 3 \cdot 1 = 1$$

내적의 특징은 같은 방향인 벡터끼리 내적했을 때 가장 큰 값이 나온다. 구체적으로 살펴보면, 만약 한 벡터를 고정하고 나머지 한 벡터는 크기만 고정했을 때, 이 두 벡터의 내적은 두 벡터가 같은 방향일 때 최댓값이고, 반대 방향일 때 최솟값이 된다. 최댓값은 양수고 최솟값은 음수다. 또한 두 벡터가 수직이면 내적은 0이 된다. 예를 들어 $x=(1, 2, 3)$일 때, 크기를 1로 제약한 상태에서 이 벡터와 내적해서 가장 큰 값이 나오는 벡터는 $x=(1, 2, 3)$와 같은 방향이면서 크기가 1인 벡터가 된다. 계산해보면 다음과 같다.

$$\frac{x}{\|x\|} = \frac{(1, 2, 3)}{\sqrt{1+2^2+3^2}} = \frac{1}{\sqrt{14}}(1, 2, 3)$$

선형 모델에서 입력 벡터를 행렬에 곱한다는 것은 행렬의 각각의 행이 하나의 score 함수로 작동하는 것이다. 그래서 행이 4개이면 score 함수도 4개인 것이다. 각각의 score 함수와 입력 벡터와 내적을 한 결과가 결국 score가 되는 것이다. 그렇기에 score 함수는 내적의 성질을 그대로 가지고 있으며, 입력 벡터와 같은 방향일 때 최댓값이 되고, 반대 방향일 때 최솟값이 된다.

이런 식으로 선형 모델은 내적의 성질 그대로 학습되기에 다양한 입력 이미지가 있을 때는 정확도에 한계가 있을 수밖에 없다. 입력 벡터와 score 함수의 벡터는 같은 형태라 원래 입력 벡터가 이미지에서 왔고 그것을 역으로 이미지 형태로 만들 수 있듯, score 함수의 벡터의 크기를 조절하면 원래 이미지와 같은 형태가 된다. 학습된 결과에서 score 함수들의 가중치를 이미지 형태로 변경해 그림으로 그려보면 학습시킨 여러 이미지의 종합 이미지 같은 그림을 볼 수가 있다.

내적으로 진행되는 학습이다 보니, 결국 내적의 성질대로 가중치가 학습된 것이다. 아래 그림은 선형 모델로 학습시킨 score 함수를 다시 이미지로 나타낸 것이다. 이를 통해 선형 모델이 결과적으로 어떻게 최적화되는지를 알 수 있다.

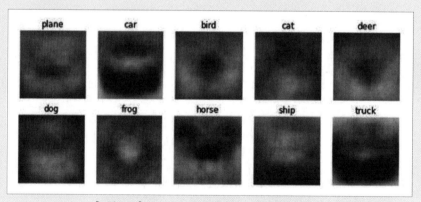

[그림 4-T1] CIFAR10 선형 모델 학습 결과 가중치 이미지

4. Softmax 분류기

데이터가 입력되고 score 함수를 거쳐서 점수가 계산되면, 이 점수를 통해 목적하는 바에 맞게 변형해 손실을 구한다. 손실을 구하기 위해서는 우선 손실 함수가 정의되어 있어야 한다.

회귀 문제의 경우는 앞 장에서 다룬 MAE나 MSE를 사용하면 된다. 분류 문제의 경우는 Cross Entropy Loss를 사용한다.

Cross Entropy Loss는 크게 두 파트로 이루어져 있다. 앞부분은 softmax 과정으로 계산된 score 벡터를 확률 분포로 만드는 과정이다. 뒷부분은 계산된 확률 분포와 정답(레이블) 확률 분포 사이의 오차를 계산하는 Cross Entropy Loss 과정이다.

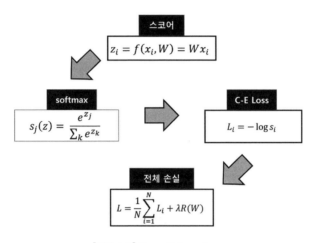

[그림 4-8] Cross Entropy Loss

참고로 그림에서 전체 손실 $+\lambda R(W)$ 부분은 Part5에서 배울 규제 강화(Regularization)를 포함할 경우의 수식이다. 여기서는 제외하고 보면 된다.

4.1 softmax 과정

앞의 [그림 4-6]과 같이 3개의 class로 이루어진 4픽셀의 데이터를 가정해보자. Score 함수를 거쳐 계산된 점수들은 3×1 벡터로 출력된다. 이 벡터에서 각각의 값들이 해당 class의 점수들이다. 이 점수를 확률 분포로 변환하는 것이 softmax이다. 확률 분포는 다음의 두 가지 성질을 만족한다.

(1) 모든 확률은 0 이상이다.

(2) 모든 확률의 합은 1이다.

첫 번째 조건을 만족시키기 위해 우선 score에 지수함수를 취한다. 지수함수는 모든 값이 양수이므로 (1)의 조건을 만족시킨다. 두 번째로는 계산된 벡터의 각 원소의 합을 다 더해서 나눠준다. 그러면 (2)의 조건도 만족하므로 확률 분포가 된다.

아래 그림의 예를 살펴보면, 선형 모델을 통해 score 벡터가 $(1, -2, 0)$으로 계산된 경우, score 벡터에 지수함수를 적용해 각각 성분별로 계산하면 (e^1, e^2, e^0)=$(2.71, 0.14, 1)$이 된다. 이렇게 함으로써 모든 성분의 값이 양수가 된다. 그런 다음 각 성분의 합을 구해 나누어준다. 성분의 합은 2.71+0.14+1=3.85이며, 각 성분에 이 값을 나누어주면 $\frac{(2.71, 0.14, 1)}{3.85}$=$(0.7, 0.04, 0.26)$이 되고, 각 성분의 합은 0.7+0.04+0.26=1이므로 확률 분포가 된다. 확률 분포라는 것은 score 함수의 각 성분이 하나의 score이고, 이것이 하나의 class에 대한 점수이다. 만약 3개의 class가 고양이, 강아지, 배라면 고양이일 확률이 0.7, 강아지일 확률이 0.04, 배일 확률이 0.26이라는 의미가 된다.

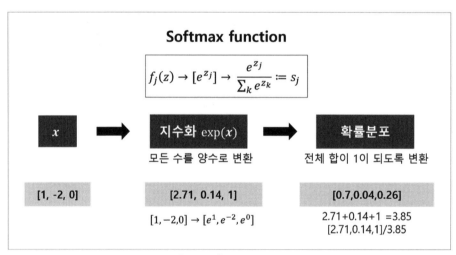

[그림 4-9] softmax 과정

4.2 Cross Entropy Loss 과정

Cross Entropy Loss는 두 확률 분포의 차이를 계산하는 것으로 Kullback-Leibler Divergence라고도 한다. 이는 하나의 확률 분포와 다른 확률 분포 사이의 엔트로피 변화를 계산한 것으로, 원래의 분포가 가지는 엔트로피와 다른 분포의 교차 엔트로피(cross entropy)의 차이를 계산한 값이다. 그 결과를 정리한 것이 아래 그림으로, 결과적으로 손실을 계산하고자 하는 class 위치의 softmax 값 s_j에서 마이너스 로그를 취한 $-\log s_j$가 cross entropy loss가 된다.

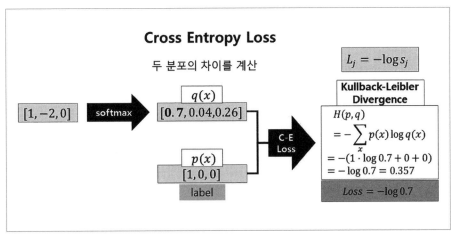

[그림 4-10] Cross Entropy Loss 과정

다시 앞의 예제를 들어 이어서 보면, 만약 입력 데이터가 고양이 이미지라면 정답 레이블은 (1, 0, 0)이며, 고양이일 확률이 1, 나머지는 확률이 0이라는 의미다. 정답 레이블도 하나의 확률 분포고, score에서 softmax로 계산된 결과도 하나의 확률 분포다. 두 확률 분포를 비교하는 것이 cross entropy loss이며, 그 계산값은 $-\log 0.7 = 0.36$이 된다. cross entropy loss는 log 함수의 특성상 값의 범위가 0~무한대까지의 범위가 되고, 0인 경우 두 분포가 일치하며 값이 작을수록 두 분포가 유사하다는 의미가 된다.

5. 최적화 : SGD

최적화는 기본적으로 경사 하강법을 사용한다. 하지만 데이터가 많은 경우, 전체 학습용 데이터에 한꺼번에 경사 하강법을 적용하면 계산량이 너무 많아져 계산이 불가능할 수도 있다. 그래서 학습 단위(batch_size)별로 경사 하강법을 적용하는 SGD를 사용한다.

5.1 SGD (Stochastic Gradient Descent)

만약 데이터의 개수가 5만 개라면 한 번의 학습에 사용하는 데이터가 5만 개가 된다. 이렇게 전체 데이터를 한 번 다 사용해 학습하는 것을 epoch라 한다. 그런데 한 번에 많은 데이터로 경사 하강, 즉 미분을 계산하다 보면 계산량이 너무 많고 시간도 오래 걸린다. 심지어는 계산량이 컴퓨터 용량을 초과해 계산이 되지 않을 수도 있다. 그래서 한 번 미분할 때 사용하는 데이터 수를 정하고 그 단위로 미분을 계산한다. 이렇게 정해진 데이터 크기를 batch_size라 하며, batch_size별로 학습시키는 것을 SGD라고 한다.

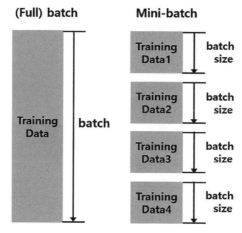

[그림 4-11] SGD batch_size

SGD에서 batch_size가 학습용 데이터 전체이면 full batch라 하고 SGD는 경사 하강법이 된다. 하지만 실제 학습에서는 batch_size를 8, 16, 32 등 작은 크기로 나눠서 학습시키며, 이 경우를 full batch에 견주어 mini-batch라 한다. 학습 단위를 데이터 전체(full batch)로 사용하는 경우는 데이터가 매우 적은 경우 정도에만 사용하고 거의 사용하지 않는다.

SGD 관련 용어를 정리해보자.

- epochs : 학습 시 전체 데이터를 한 번 사용하는 것을 1 epoch라고 한다.
- batch_size : 한 번의 학습에 사용하는 데이터의 개수를 말한다. 주로 8, 16, 32개 등을 사용한다.
- SGD : Stochastic Gradient Descent의 약자로, batch_size별로 미분을 계산해 학습시키는 최적화 기법이다.

만약 전체 데이터가 5만 개이고 batch_size=100이라면 한 epoch에 500번의 미분 계산을 하게 된다. 즉 500번의 가중치 업데이트가 있고, 500번의 학습이 진행된다.

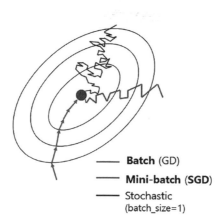

[그림 4-12] SGD 수렴성

[그림 4-12]는 batch_size별 수렴 과정을 그린 것이다. Full batch를 사용하는 GD(경사 하강법)의 경우 부드럽게 수렴하지만 매 단계마다 계산하는 시간과 비용이 많이 든다. 반면 batch_size가 1인 경우(Stochastic)는 너무 지그재그로 움직여서 효율이 좋지 않다. batch_size를 적당히 설정한 mini-batch의 경우는 full batch보다는 덜 부드럽게 수렴하지만, 계산 속도가 훨씬 빨라 앞의 두 경우의 단점을 보완한 최적의 방법이 된다. 원래 SGD(Stochastic Gradient Descent)는 batch_size를 1로 두고 계산한 경우를 일컫는 용어였지만, 실제적으로 mini-batch를 사용한 경우를 SGD라고 한다.

5.2 예측(predict)과 평가(evaluate)

최적화를 통해 모델이 학습되면 모델에 새로운 값을 입력해 예측(predict)을 하거나, 기존의 테스트용 데이터로 평가(evaluate)해 검증해볼 수 있다. 예측(predict)은 평가용 데이터에 레이블이 없는 경우로, 실제 상황이나 경진대회 등에서 결과를 예측하는 경우에 사용한다. 평가(evaluate)는 평가용 데이터에 레이블이 있어서 학습된 모델의 정확도 등을 확인할 때 사용하며, 검증(validation) 개념과 유사한 의미다.

이번 장의 마무리

- 딥러닝에서 주로 다루는 데이터 중 하나가 이미지 데이터이다. 이미지 데이터는 0~255 사이의 정수형 데이터로 기록되고, 컬러 이미지는 3개의 채널로, 흑백 이미지는 하나의 채널로 구성되어 있다. 또한 간단한 정수 형태의 데이터이기 때문에 255로 나누어주는 전처리 과정을 주로 사용한다.

- 선형 모델은 딥러닝을 구성하는 가장 기본적인 요소인 동시에 딥러닝 모델을 만들기 위한 기초 단위이기도 하다. 또한 선형 모델의 기본이라 할 수 있는 score 함수는 각각의 입력 데이터를 벡터화해 입력한 후 행렬을 곱해 여러 개의 score를 동시에 계산한다.

- Softmax 분류기는 이 score 벡터에서 지수화와 정규화를 통해 score 벡터를 확률 분포로 만드는 softmax 과정을 거쳐 cross-entropy loss로 손실을 계산한다.

- 최적화를 통해 손실을 미분해 선형 모델의 행렬에 있는 가중치를 업데이트하게 된다. 이 과정에서 데이터를 적당한 mini-batch 크기로 잘라 학습시키는 최적화 기법인 SGD를 사용한다.

- 학습이 끝나면 예측 또는 평가를 통해 학습 모델이 적절한지를 판단할 수 있다. 이러한 과정들을 통해 선형 모델을 충분히 활용할 수 있다. 더 나아가 다음 장에서 배울 딥러닝 모델들을 이해하는 데도 충분히 도움이 될 것이다.

연습 문제

[1~5] 다음 괄호 안에 들어갈 적당한 용어는 무엇인가요?

1 이미지 데이터는 0~( )까지의 정수값을 갖는 데이터로, 컬러 이미지인 경우는 ( )개의 채널을, 흑백 이미지의 경우는 ( )개의 채널을 가진다.

2 데이터 전처리는 데이터의 중심을 원점에 맞추는 ( )과정과 데이터의 절대 크기를 맞춰주는 ( ) 과정으로 이루어져 있으며, 이미지 데이터의 경우는 ( )를 나누어주는 것으로 0~1 사이의 값으로 전처리가 가능하다.

3 선형 분류기는 기본적으로 입력 데이터를 벡터화해 행렬에 곱하고 여기에 벡터를 더해 ( )를 계산하는 과정이다. 여기서 입력 데이터를 곱하는 행렬을 ( )라 하고, 더해지는 벡터를 ( )이라 한다.

4 softmax 분류기는 출력 벡터를 확률 분포로 만드는 ( ) 과정과 두 확률 분포를 비교하는 ( ) 과정으로 이루어져 있다.

5 경사하강법을 실제 적용할 때, 데이터를 적당한 크기로 분할해 학습시키는 방법을 ( )라고 한다. 이때 적당한 크기를 설정하는 인수가 ( )이다.

[6~9] 다음 질문에 주어진 계산값을 구하세요.

6 10×10 크기의 컬러 이미지를 벡터화하면 몇 차원 벡터가 되는지 계산하세요.

7 가중치 행렬이 W, 편향 벡터 b가 아래와 같이 주어졌을 때, 입력 벡터가 (2, 3, −1)일 때 각각의 score를 구하세요.

$$w = \begin{pmatrix} 1 & 2 & 0 \\ 2 & -1 & 3 \\ -3 & 0 & 1 \end{pmatrix}, \quad b = \begin{pmatrix} 2 \\ -1 \\ 1 \end{pmatrix}$$

8 출력값 (2, 1, –1)을 softmax로 변환한 벡터를 구하고, 레이블이 (1, 0, 0)일 때 cross entropy loss를 구하세요.

9 데이터가 10만 개이고, batch_size=100, epoch=3일 때, 총 몇 번의 미분 업데이트를 시행하는지 계산하세요.

10 선형 회귀 모델에서 입력 벡터의 크기가 4일 때 이 모델의 매개변수의 개수를 구하세요.

11 선형 분류 문제에서 class가 4개인 경우, score 함수는 몇 개가 되는가?

12 위 11번에서 입력 데이터의 크기가 6일 때, 매개변수의 개수를 구하세요.

실습 예제_ Mnist

데이터셋: Mnist 손글씨 데이터 28×28 흑백 이미지

문제분류: 10개의 class(0~9까지의 숫자) 분류

모델 설정: 선형 모델

입력 크기: 28×28=784

출력 크기: 10

사용 함수 설명

from PIL import Image #이미지 처리용 라이브러리

Image.fromarray() #array(배열)을 이미지로 변환

Code 설명

1 기본 라이브러리 불러오기

```
import numpy as np
import pandas as pd
```

2 데이터셋 불러오기

```
from tensorflow.keras.datasets.mnist import load_data
(train_x, train_y), (test_x, test_y) = load_data()
```

2 - 1 데이터 확인하기

```
train_x.shape, train_y.shape    # train 데이터 크기 확인

test_x.shape, test_y.shape    # test 데이터 크기 확인
```

```
from PIL import Image
img = train_x[0]

import matplotlib.pyplot as plt
img1 = Image.fromarray(img, mode = 'L')
plt.imshow(img1)


train_y[0]    # 첫번째 데이터 확인
```

3   데이터 전처리

3 − 1 입력 형태 변환: 3차원 → 2차원
데이터를 2차원 형태로 변환: 입력 데이터가 선형모델에서는 벡터 형태

```
train_x1 = train_x.reshape(60000, -1)
test_x1 = test_x.reshape(10000, -1)
```

3 − 2 데이터 값의 크기 조절 : 0~1 사이 값으로 변환

```
train_x2 = train_x1/255
test_x2 = test_x1/255
```

4   모델 설정

4 − 1 모델 설정용 라이브러리 불러오기

```
from tensorflow.keras.models import Sequential
from tensorflow.keras.layers import Dense
```

4 − 2 모델 설정

```
md = Sequential()
md.add(Dense(10, activation = 'softmax', input_shape = (28*28, )))
md.summary()    # 모델 요약
```

5 모델 학습 진행

5 – 1 모델 compile: 손실 함수, 최적화 함수, 측정 함수 설정

```
md.compile(loss = 'sparse _ categorical _ crossentropy', optimizer = 'sgd',
metrics = 'acc')
```

5 – 2 모델 학습: 학습 횟수, batch_size, 검증용 데이터 설정

```
hist = md.fit(train_x2, train_y, epochs = 30, batch_size = 64, validation_
split = 0.2)
```

5 – 3 학습 결과 분석: 학습 곡선 그리기

```
acc = hist.history['acc']
val_acc = hist.history['val_acc']
epoch = np.arange(1, len(acc)+1)
plt.figure(figsize = (10, 8))
plt.xlim(250, len(acc)+1)
plt.plot(epoch, acc, 'b', label = 'acc')
plt.plot(epoch, val_acc, 'g', label = 'val_acc')
plt.legend()
```

6 테스트용 데이터 평가

```
md.evaluate(test_x2, test_y)
```

7 가중치 저장

```
weight = md.get_weights()
weight
# 그래프 그리기에서 y 값 범위 설정
plt.ylim(0.92, 0.94)
plt.plot(hist.history['loss'])
plt.plot(hist.history['val_loss'])
```

```
plt.title('model loss')
plt.ylabel('loss')
plt.xlabel('epoch')
plt.legend(['train','test'], loc = 'upper right')
plt.show()
```

확인 1 실습 예제에서 hyper-parameter(epochs, batch_size)를 변경해 학습시켜본 후, 성능이 어떻게 변화하는지 관찰해보고 어떤 조건에서 최고의 성능이 나오는지 알아보자. (예: epochs를 50, 100, 200, 300 등으로 설정해 학습시키기, batch_size를 8, 32, 64, 100, 1000 등으로 설정해 학습시키기)

확인 2 확인 1의 이유를 설명해보자.

심화 문제

선형 분류: CIFAR10

1   CIFAR10 데이터셋을 불러온 후 선형 모델로 분류 문제 코드를 작성해보세요.

　　[실습 예제]에서 확인 1의 경우처럼 여러 가지 가능성을 점검해보고 최적의 설정을 찾아보세요.

memo

PART 5

신경망 모델

학습 목표

- 층이 하나인 선형 모델에서 층이 더 깊어지면 어떤 모델이 되는가?
- 층을 깊게 하는 데는 어떤 방법이 있을까?
- 신경망의 필수 요소인 활성화 함수는 무엇인가?
- 깊어진 층의 복잡한 미분 계산 문제를 해결한 오류 역전파는 어떻게 작동하는가?
- 학습 과정을 어떻게 분석할 수 있는가?
- 과적합은 무엇이며 어떻게 해결할 수 있는가?
- SGD를 개선한 기법들은 어떤 것들이 있는가?

5 신경망 모델

이 장에서는 본격적인 딥러닝 모델인 신경망 모델에 대해 알아본다.

신경망 모델은 선형 모델 중간에 활성화 함수를 추가해 결합한 형태다. 이론적으로 깊은 층의 신경망 모델이 가능하다.

활성화 함수에는 sigmoid, tanh, ReLU등이 있으며, 각 함수들의 특징 및 장단점에 대해 살펴본다.

학습이 잘 진행되는지 살펴볼 수 있는 학습 분석에 대해 알아본다. 학습 과정의 핵심인 최적화에 사용되는 미분 계산 기법인 오류 역전파 기법을 알아보고, 과적합을 해소하는 기법인 규제 강화에 대해 살펴본다.

끝으로 SGD를 개선한 최적화 기법들에 대해 살펴본다.

1. 신경망 모델 과정

층이 하나인 선형 모델에서 보다 더 층이 깊어진 계기가 신경망 모델이다. 신경망의 층을 구분해주는 것은 비선형함수인 활성화 함수다. 층이 깊어지면서 최적화를 위한 미분 계산도 복잡해지는데 이를 해결한 것이 오류 역전파다. 학습 곡선을 통해 신경망의 학습 과정을 살펴본다. 학습의 한계를 나타내는 지표가 되는 것이 과적합이다. 신경망 학습의 성능을 향상시키는 다양한 기법들이 있으며, 과적합 해소 방안인 규제 강화(Regularization) 및 SGD를 개선한 RMSProp, adam 등의 최적화 기법들이 있다.

선형 모델은 하나의 층으로 구성되어 있다. 이 장에서는 여러 개의 층을 가지는 신경망(Neural Networks) 모델을 다룬다. 신경망 모델은 [그림 5-1]에서처럼 선형 모델을 여러 개 결합해 만든 모델로 선형 모델 사이에 활성화 함수를 추가해 층과 층을 구분한다. 이 장에서 선형 모델의 결합과 활성화 함수의 특성과 종류를 알아본다.

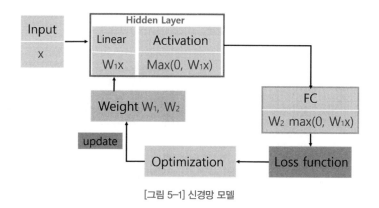

[그림 5-1] 신경망 모델

이 장의 후반부에서는 학습 과정을 관찰하는 방법과 학습 성능을 향상시키는 방법에 대해 알아보기로 한다. 학습 과정의 지표로 가장 중요한 과적합이 무엇인지와 해결 방안을 알아본다. 또한 층이 여러 개가 되면 최적화를 위한 미분 계산도 복잡해진다. 초기 신경망에서 이러한 문제로 한동안 발전이 멈춘 적이 있기도 했다. 이런 문제를 해결한 것이 미분을 단계별로 계산하는 오류 역전파다. 마지막으로 SGD가 가진 한계를 해결하기 위해 개발된 최적화 기법들인 NAG, RMSProp, Adam 등을 알아본다.

2. 층(Layer)의 결합

선형 모델은 입력 벡터에 행렬을 곱함으로써 모델이 만들어진다. 이런 선형 모델을 여러 개 결합하면 어떻게 될까? 행렬과 행렬을 곱하면 다시 행렬이 되므로, 선형 모델은 여러 개를 결합해도 다시 선형 모델이 될 뿐이다.

하지만, 행렬과 행렬 사이에 비선형 함수를 추가해 분리해주면, 선형 모델을 여러 개 결합할 수 있다. 이를 신경망 모델(Neural Networks)이라 하고, 이때 사용한 비선형 함수가 활성화 함수(activation function)이다.

신경망 모델은 활성화 함수로 인해 층이 구분된다. 행렬과 행렬 사이에 활성화 함수를 추가하는 방식으로 여러 개의 행렬을 연결할 수 있다. 이런 방식으로 신경망 모델의 층을 몇 개든 만들 수가 있다. 다만 층이 많아질수록 모델이 복잡해지고 매개변수(parameter)의 개수가 많아지므로 계산도 복잡해진다. 또한 층이 깊어질수록 가용 변수가 많아지기에 표현할 수 있는 용량이 커진다. 층의 개수는 신경망 모델의 이런 양단을 최적화하는 개념으로 모델링하면 된다.

신경망 모델에서 하나의 층은 하나의 선형 모델이다. 즉 $y=Wx$로 나타나는 변환 과정이다. 여러 층을 만들려면 선형 모델을 여러 개 연결해야 하며 이 과정은 행렬을 여러 개 곱한 것과 같다. 그런데 행렬×행렬은 다시 행렬이 되므로 여러 개의 행렬을 곱해도 결국 하나의 행렬이 되기 때문에 층을 늘릴 수가 없다. 그렇기에 행렬과 행렬 사이에 비선형 함수(활성화 함수)를 넣어 구분해주면 층이 여러 개가 된다.

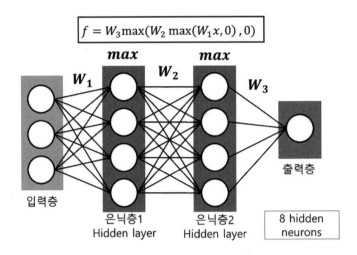

$$f = W_3 \max(W_2 \max(W_1 x, 0), 0)$$

W_1 W_2 W_3

max *max*

출력층

입력층

은닉층1
Hidden layer

은닉층2
Hidden layer

8 hidden
neurons

[그림 5-2] 3-layer 신경망

[그림 5-1]은 층이 2개, 즉 선형 모델이 2번 들어간 모델이고, [그림 5-2]는 층이 세 개인 모델이다.

[그림 5-2]에서 보면, 처음 입력 벡터의 크기는 3이다. 이것은 3개의 값을 가지는 벡터로 입력되는 각각의 값을 뉴런(neuron)이라 한다. 출력층은 한 개의 값이며, 입력층과 출력층 사이의 층을 은닉층(hidden layer)이라 한다. 수식으로 과정을 살펴보면, 입력 데이터 x에 첫 번째 행렬을 곱하면 W_1x가 되고, 여기에 활성화 함수 $max\,(x, 0)$를 적용한다. 같은 방식으로 마지막 층까지 계산하면 다음 식과 같이 나타난다.

$$x \rightarrow W_1 x \rightarrow max(x, 0) \rightarrow W_2 x \rightarrow max(x, 0) \rightarrow W_3 x$$

이제 각각의 층을 하나하나 살펴보자.

- 첫 번째 층 : 3개의 입력과 4개의 출력 뉴런으로 구성되어 있고, 3개의 입력값에서 4개의 뉴런을 연결해주는 행렬이 W_1이며, 행렬의 크기는 4×3이 된다. 이 과정은 $y=W_1x$로 표현하며 매개변수의 개수는 $4 \cdot 3+3=15$가 된다. 여기서 +3은 편향(bias)을 계산한 것이다. 활성화 함수는 ReLU를 사용했으며, 첫 번째 층의 구체적인 형태는 $max(W_1x, 0)$이 된다.

- 두 번째 층 : 4개의 입력과 4개의 출력으로 구성되어 있고, 이를 연결하는 행렬은 W_2이며, 행렬의 크기는 4×4가 된다. 이 과정은 $y=W_2x$로 표현하며 매개변수의 개수는 $4 \cdot 4+4=20$이 된다. 여기서 +4은 편향(bias)을 계산한 것이다. 활성화 함수는 ReLU를 사용했으며, 두 번째 층의 구체적인 형태는 $max(W_2x, 0)$이 된다.

- 세 번째 층 : 4개의 입력과 하나의 출력으로 구성되어 있고, 이를 연결하는 행렬은 W_3이며, 행렬의 크기는 4×1이 된다. 이 과정은 $y=W_3x$로 표현하며 매개변수의 개수는 $4 \cdot 1+1=5$가 된다. 여기서 +1은 편향(bias)을 계산한 것이다.

전체 층은 3개의 입력과 하나의 출력으로 이루어져 있으며, 중간에 2개의 은닉층이 있고 각각 4개의 뉴런으로 구성되어 있다. 이를 식으로는 $f(x)=W_3 max(W_2\,max(W_1x, 0), 0)$로 표현 가능하며, 매개변수의 개수는 앞의 3개의 층을 계산한 합인 15+20+5=40이 된다. 활성화 함수는 모든 층에서 ReLU(Rectified Linear Unit)를 사용했으며, *max* 함수로 표현되어 있다. 활성화 함수에 대한 자세한 내용은 다음 절에서 자세히 살펴보겠다.

3. 활성화 함수

활성화 함수는 선형 모델에서 계산된 결과값을 활성화시켜주는 역할을 한다. 활성화 과정은 주로 비선형적인 함수를 사용해 출력을 조절해주는 것으로, 이 과정을 통해 출력 범위를 조절해 다음 층의 입력값의 범위를 설정할 수 있는데, 이는 일종의 정규화 과정으로 볼 수 있다. 또한 단순한 선형 모델의 반복으로 훨씬 복잡한 표현이 가능하며, 층을 더 깊게해 보다 정교한 최적화가 가능하도록 해준다.

활성화 과정은 비선형함수로 이루어지기에 미분이 가능하며 나아가 학습이 가능하다. 층을 여러 개 쌓아 학습을 시키더라도 활성화 함수의 미분 가능성이 전체 학습의 흐름을 잘 이어지게 한다. 다만 활성화 함수의 함숫값이나 미분값이 학습에 영향을 미칠 수도 있기에, 활성화 함수의 선택이 중요하다. 오류 역전파(error backpropagation)란, 이처럼 여러 층으로 된 모델의 최적화에 사용되는 기법이다. (5.5절에서 자세히 배운다.)

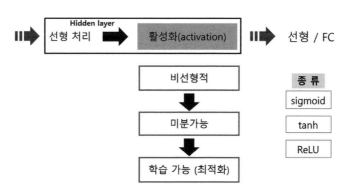

[그림 5-3] 활성화 함수 특징

3.1 활성화(activation)

활성화는 이전 층의 결과값이 다음 층으로 넘어가기 전에 값의 크기를 조절해주는 역할을 한다. 활성화 함수에는 sigmoid, tanh와 같은 기존의 함수와, ReLU, swish와 같이 딥러닝 학습을 위해 개발된 함수가 있다.

sigmoid 함수의 출력값은 0~1 사이의 값으로 전처리할 때 주로 사용하는 값의 범위가 된다. tanh 함수의 경우는 출력값이 −1~1 사이의 값으로 이 또한 전처리시 자주 사용되는 값의 범위이다. ReLU 함수는

$max(x, 0)$로 x가 양수이면 x 그대로 출력하고 음수라면 0으로 출력하기에 출력값이 항상 0 이상인 값이 된다. 또한 활성화 함수는 이전 층의 결과값을 활성화함으로써 다음 층으로 연결되는 선형성을 없애주므로 층을 나눠주는 역할을 한다. [그림 5-4]에서 왼쪽의 행렬은 이전 층의 결과값이고, 오른쪽 행렬은 활성화를 거쳐 출력된 값이다.

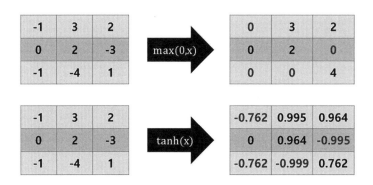

[그림 5-4] 활성화

[그림 5-4]의 위 결과의 경우 이전 층의 결과값을 ReLU 함수로 활성화한 결과다. ReLU 함수의 특성으로 양수는 그대로 출력되고 음수는 0으로 출력된다. 아래 결과의 경우는 tanh 함수로 활성화한 결과로 이전 층의 결과값에 tanh 함수를 취한 값이 출력값이 된다. tanh 함수의 특성으로 결과값은 −1~1 사이가 된다.

활성화 함수(activation function)는 이처럼 층과 층 사이의 값을 함수의 특성을 반영해 활성화를 시켜주는 역할을 한다. 활성화 함수에는 여러 가지가 있지만, 기본적인 활성화 함수에는 sigmoid, tanh, ReLU가 있다. 각각의 활성화 함수의 정의와 특징을 알아보자.

3.2 sigmoid 함수

sigmoid 함수는 0에서 시작해서 최종적으로 전체 적분값이 1이 되는 일종의 누적확률분포 함수다. sigmoid 함수는 지수함수를 포함하는 [그림 5-5]와 같은 식으로 정의된다.

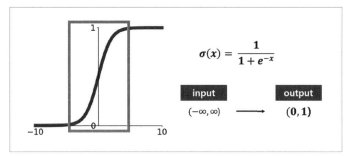

[그림 5-5] sigmoid 함수

그림에서와 같이 입력 범위는 실수 전체이고 출력은 0~1 사이의 값이다. sigmoid 함수의 특징은 다음 4 가지로 정리할 수 있다.

1. [출력 범위] 그래프의 특성상 sigmoid 함수의 출력은 대부분 0 또는 1에 가까운 값이고 입력값 0 근방에서만 0과 1 사이의 값이 된다. 출력값이 0이면 입력이 거의 무효화된다는 의미로 학습이 진행되지 않는 값이 된다.

2. [미분] 그래프의 기울기는 미분 가능하며, 기울기를 살펴보면 모든 범위에서 양의 기울기를 가지며, 특히 출력값이 0 또는 1에 가까운 값에서는 기울기가 거의 0이 되어 학습이 안 되는 단점이 있다. 이를 미분 소실(Gradeint Vanishing) 문제라 한다. 결국 그림에서 파란색으로 표시된 부분만 학습이 가능한 범위이며, 대략 입력값이 −5~5 범위를 갖는다.

3. [대칭성] 그래프가 원점 대칭이 아니다. 게다가 함숫값도 미분값도 양수다. 이 경우 최적화 과정에서 수렴성이 좋지 않아 학습 불량을 초래할 수 있다.

4. [계산 효율] 지수함수가 포함되어 있어 계산이 비효율적이다. 지수함수 값의 계산 시 급수를 포함한 근사식 값을 계산해야 하므로 계산 과정이 복잡하고 컴퓨터 자원(CPU, RAM 등)을 많이 사용하므로 효율이 떨어진다.

이러한 특징들 때문에 sigmoid 함수는 이진 분류, 자연어 처리 등 특별한 경우를 제외하고 활성화 함수로 잘 사용되지 않는다.

◀ 혼자 정리하는 딥러닝 ▶

이진 분류 문제의 경우 손실 함수를 적용하기 전에 반드시 sigmoid 활성화를 거친다. 이진 분류는 결국 0이냐 1이냐의 문제이기 때문에, sigmoid로 활성화하면 출력값이 0과 1 사이의 확률이 되기에 이진 분류를 하기에 적합한 상태가 된다. Sigmoid 함수의 특성으로 인해 대부분의 값은 0 또는 1에 가까운 값이 되며, 중간값은 보통 0.5 이상인 경우는 1로, 미만인 경우는 0으로 처리한다.

3.3 tanh 함수

tanh 함수는 쌍곡선 삼각함수인 hyperbolic tangent 함수로 보통 '탄취'라고 읽는다. 이 함수 또한 아래에서 보듯 지수함수를 포함한 형태다.

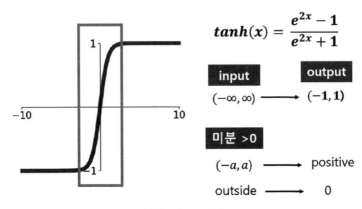

$$tanh(x) = \frac{e^{2x} - 1}{e^{2x} + 1}$$

input → output
$(-\infty, \infty)$ ⟶ $(-1, 1)$

미분 >0
$(-a, a)$ ⟶ positive
outside ⟶ 0

[그림 5-6] tanh 함수

tanh 함수의 특징을 알아보자.

1. [출력 범위] 그래프의 특성상 tanh 함수의 출력은 대부분 −1 또는 1에 가까운 값이고 입력값 0 근방에서만 −1과 1 사이의 값이 된다. sigmoid와 달리 입력값이 무효화되는 범위가 거의 없어진 것이다.

2. [미분] 그래프의 기울기를 살펴보면 모든 범위에서 양의 기울기를 가지며, 특히 출력값이 −1 또는 1에 가까운 값에서는 기울기가 거의 0이 되어 학습이 안 되는 단점이 있다. 결국 그림에서 파란색으로 표시된 부분이 학습 가능한 범위이며, 대략 입력값이 −3~3 사이의 값이다.

3. [대칭성] 그래프가 원점 중심이 되어 음수인 함숫값도 가지게 된다. 수렴성이 sigmoid 함수보다 개선되었다.

4. [계산 효율] sigmoid와 마찬가지로 지수함수가 포함되어 있으므로 계산 효율이 떨어진다.

결과적으로 tanh 함수는 원점 대칭이 되므로 sigmoid보다는 나아졌지만, 여전히 학습이 되지 않는 구간이 많다.

3.4 ReLU 함수

ReLU 함수는 max $(x, 0)$ 형태의 간단한 max 함수다. 입력값이 양수이면 그 값을 그대로 출력하고, 음수이면 0을 출력하는 함수이다. 2012년 ILSVRC 이미지 경진대회에서 CNN을 처음 적용해 우승한 AlexNet에 ReLU 함수가 최초로 적용되었으며, 'ImageNet Classification with Deep Convolutional Neural Networks' 논문에 ReLU 함수에 대한 자세한 내용이 나와 있다.

$$ReLU(x) = \max(x, 0) = \begin{cases} 0, & x < 0 \\ x, & x \geq 0 \end{cases}$$

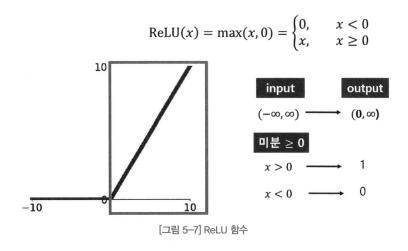

[그림 5-7] ReLU 함수

ReLU 함수의 특징을 다음 몇 가지로 정리해볼 수 있다.

1. [출력 범위] 그래프의 특성상 이전의 sigmoid 함수나 tanh 함수와는 달리 입력값이 양수면 출력값이 항상 0 이상이 되어 값이 무효화되지 않는다. 반면 음수인 경우는 출력값이 항상 0이 되므로 입력이 무효화되는 특징이 있다.

2. [미분] 그래프의 기울기를 살펴보면 입력값 양수의 범위에서는 기울기가 항상 1이고, 음수의 범위에서는 0이다. 양수의 범위에서는 학습이 잘 이루어지지만 음수의 범위는 학습이 일어나지 않는 미분 소실 상태다.

3. [대칭성] 이 그래프는 대칭성이 없다.

4. [계산 효율] 함수 자체가 선형 함수의 결합이라 계산이 간단하고 빠르다. 심지어 학습 속도가 최대 6배나 향상된다.

결과적으로, ReLU 함수는 계산이 간단하고 학습도 잘 되는, 성능이 아주 우수한 활성화 함수다. 단점으로는 입력값이 음수인 경우 학습이 전혀 이루어지지 않기 때문에 이를 보완한 활성화 함수들이 많이 고안되었다. 예를 들어 음수 영역에 기울기를 조금 주는 Leaky ReLU, 음수 영역을 지수함수로 보완한 ELU, 그 외에도 Selu, mish 등의 함수들이 있다. 이 함수들은 양수 부분은 ReLU와 거의 같은 형태이지만, 음수 부분에 약간의 값을 주어 출력값이 0이 아니며, 미분값도 0이 아니기에 음수 구간에서도 조금이나마 학습이 가능하도록 설계된 활성화 함수들이다.

3.5 Swish 함수

ReLU의 단점을 극복하기 위해 고안된 활성화 함수 중 하나다. sigmoid와 1차 함수의 곱으로 만들어진 함수로 양수 구간에서는 ReLU와 비슷한 형태이고, 음수 구간에서는 ReLU의 단점인 출력값과 미분값이 0이 되는 특징을 보완했다.

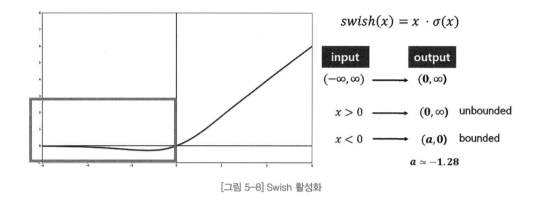

[그림 5-8] Swish 활성화

4. 학습 분석 : 과적합

학습을 진행하면서 학습이 잘 진행되고 있는지, 얼마나 더 학습을 진행해야 할지를 파악할 도구가 필요하다. 학습 과정은 학습을 실행시킨 결과를 그래프로 그린 학습 곡선을 통해 확인이 가능하다. 학습 곡선을 분석해 다음 단계의 학습 과정을 계획해야 한다.

학습 과정에서 충분히 학습이 진행되었다는 판단을 어떻게 할 수 있을까? 모델을 설정한 후, compile을 설정하고 학습을 진행한 결과를 학습 곡선을 통해 분석해보면, 설정된 모델로 충분히 학습되었다는 징후가 과적합(overfitting)으로 나타난다. 과적합의 원래 의미는 기존의 데이터에 과하게 fitting 되어 다른 데이터를 입력하면 정확도가 떨어지는 것을 말한다. 즉 설정된 모델로 학습시킬 수 있는 한계에 도달한 걸로 볼 수 있다.

4.1 과적합 Overfitting

과하게 맞춤이 된 옷은 다른 사람이 입기 힘들다. 마찬가지로 기존의 학습 데이터에 과하게 맞춤이 된 모델은 다른 데이터를 입력하면 오히려 정확도가 떨어진다. 이런 현상을 과적합이라 하며, 과적합에 대한 표현이나 설명으로 다양한 예시가 존재하지만, 그 본질은 과한 맞춤으로 모델이 이미 객관성을 잃게 되는 것을 의미한다.

학습 과정에서의 과적합은 학습을 진행할수록, 즉 epoch가 증가할수록, 학습 모델이 학습용 데이터에 잘맞춤이 됨으로써 정확도가 계속 증가하지만, 학습 데이터가 아닌 데이터(검증용 데이터)로는 정확도가 증가하지 않거나 오히려 떨어지는 것으로 확인이 가능하다.

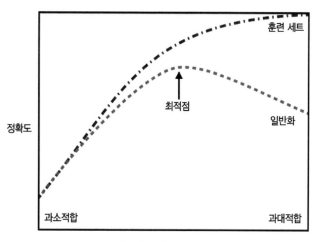

[그림 5-9] 과적합

과적합이 의미하는 것은 사실상 학습 모델의 한계를 보여주는 것이다. 이 모델로는 여기까지 학습시키고, 그다음은 다른 방법을 찾아야 한다는 것을 보여주는 것이 과적합이다.

반대로, 학습 모델이 데이터에 대해 제대로 학습되지 않는 상태를 과소적합(underfitting)이라 한다. 이는 모델이 데이터에 비해 너무 단순해서 제대로 데이터 학습이 안 되는 경우로 과적합과는 반대의 경우다.

4.2 학습률 Learning Rate

학습률은 학습을 진행시키는 최적화 과정에서 미분값을 반영하는 비율이다. 이것은 경사 하강법에서의 스텝 사이즈이기도 하다. 이 학습률을 어떻게 설정하느냐에 따라 학습이 적절히 잘 진행될 수도 있고, 학습이 진행되지 않고 정체되는 상황으로 갈 수도 있다. 최적화 함수를 무엇으로 사용하느냐에 따라 학습률 설정이 달라지긴 하지만, 보통 0.01의 값을 기본값으로 사용한다.

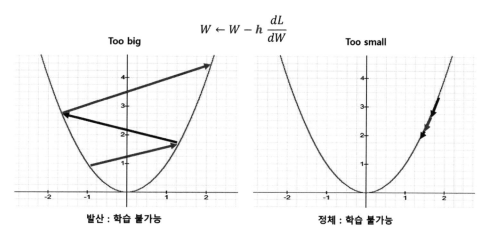

[그림 5-10] 학습률

[그림 5-10]의 왼쪽 그림은 학습률이 너무 큰 경우로 변화폭이 너무 커서 수렴하지 못하고 발산하는 경우를 보여주고 있으며, 오른쪽 그림은 학습률이 너무 작으면 학습이 진행되지 않고 정체될 수 있는 경우를 보여주고 있다. 대부분의 최적화 함수에는 적절한 학습률 기본값이 설정되어 있다.

4.3 학습 곡선 Learning Curve

학습 곡선은 학습이 진행되는 과정에서 정확도, 손실 등의 값을 저장해 그래프로 그린 것이다. 학습 과정에서 정확도, 손실 값은 history에 저장된다. 학습 곡선은 보통 간단하게 선으로 그래프를 그린다. 학습 곡선을 통해 학습의 진행 상황을 분석할 수 있으며 과적합인지, 과소적합인지, 학습이 잘 진행되는지 그렇지 않은지를 확인할 수 있다.

학습 곡선을 분석하는 방법을 몇 가지 경우로 정리해보자.

- 학습 곡선에서 초반에 너무 변화가 없으면, 모델 가중치의 초기값 설정이 잘못된 경우이다. 모델 설정에서 가중치 설정을 다시 해볼 필요가 있다.

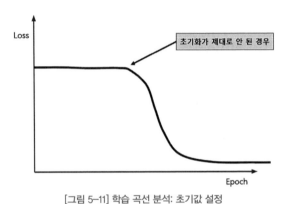

[그림 5-11] 학습 곡선 분석: 초기값 설정

- 학습 곡선에서 학습용 데이터와 검증용 데이터 모두 정확도가 계속 증가하고 있다면 과소적합으로 봐야 한다. 모델을 더 복잡하게 하거나 학습 횟수를 더 늘려 학습을 충분히 시킬 필요가 있다.

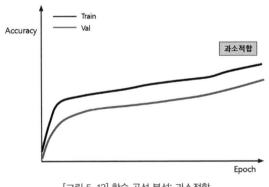

[그림 5-12] 학습 곡선 분석: 과소적합

• 학습 곡선에서 학습용 데이터의 정확도는 계속 증가하지만 검증용 데이터의 정확도가 일정 수준 이상 증가하지 않으면 과적합으로 봐야 한다. 모델을 단순화하거나 과적합 해소 기법으로 성능을 향상시킬 수 있다.

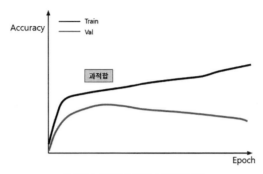

[그림 5-13] 학습 곡선 분석: 과적합

• 학습 곡선이 진행 중에 정체되었을 경우, 학습률을 낮춰보면 학습이 더 원활히 진행되기도 한다.

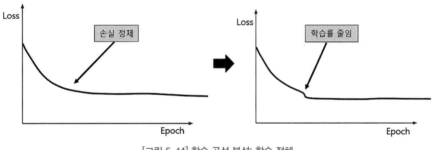

[그림 5-14] 학습 곡선 분석: 학습 정체

[그림 5-14]와 같은 방식으로 학습 곡선을 분석해보면 학습 과정을 충분히 잘 설계할 수 있을 것이다. 5.5절에서 배우는 RMSProp, adam 같은 최적화 함수는 알고리즘 자체에서 학습률을 적절히 조절해준다.

5. 오류 역전파

이 절의 내용 중 미분 계산이 포함되어 있다. 이 절의 목적은 계산 과정을 이해하는 것이 아닌 딥러닝이 학습하는 원리를 이해하는 것이다. Keras를 활용한 코딩에서는 계산 과정이 없음을 참고하기 바란다.

선형회귀 모델에서 손실 함수는 MAE 또는 MSE를 사용했다. MSE를 사용하는 경우 손실 함수는 2차식이 되며, 최적화 과정은 이 손실 함수를 미분하는 것으로 충분하다. 하지만 층이 여러 개가 되면 전체 손실을 계산하는 과정에 활성화 함수가 포함되면서 미분 계산 과정이 상당히 복잡해진다. 여기서의 미분 계산 과정을 이해하려면 미적분학에서 다루는 합성 함수의 미분과 벡터 미적분학에서 다루는 다변수 함

수 미분 개념이 필요하며 행렬 계산은 기본으로 포함된다. [Part 2의 더 알아보기 1 참고]

하지만 이런 수학 개념을 다 이해하지 않더라도 오류 역전파의 흐름을 파악한다면 개략적인 이해가 가능하다. 이 절에서는 오류 역전파의 원리를 파악하고 간단한 예제를 통해 계산하는 방법을 알아본다.

◀ 혼자 정리하는 딥러닝 ▶

미분 계산

합성 함수의 미분은 고교 과정에서 배우는 것으로 함수 안에 함수가 있는 형식이다. 일변수 함수의 미분은 간략하게 다음 식으로 나타낸다.

$$y=g(x) \Rightarrow y'=g'(x).$$

여기에 매개변수가 들어가면 아래와 같이 된다.

$$z=f(g(x)), y=g(x) \Rightarrow \frac{df}{dx}=\frac{df}{dy}\frac{dy}{dx}=f'(g(x))g'(x).$$

이렇게 변수가 하나인 경우에도 합성함수의 미분 복잡도는 증가한다. 하물며 여러 단계에 여러 변수가 추가되면 함수의 미분은 매우 복잡한 계산이 된다. 우선 간단한 다변수 함수의 미분을 살펴보자.

$$z=f(x, y) \Rightarrow \nabla f=\left(\frac{\partial f}{\partial x}, \frac{\partial f}{\partial y}\right)$$

참고로, 미분 기호는 일변수 함수에서는 d를, 다변수에서는 ∂를 사용한다.

여기에 변수 x, y를 각각 매개변수로 치환한 후에 미분을 하면 다음 식처럼 계산된다.

$$z=f(x, y), x=g(t), y=h(t)$$

$$\Rightarrow \frac{df}{dt}=\nabla f \cdot \left(\frac{dx}{dt}, \frac{dy}{dt}\right)=\frac{\partial f}{\partial x}\frac{dx}{dt}+\frac{\partial f}{\partial y}\frac{dy}{dt}$$

여기서 ∇기호는 다변수 함수의 미분기호이다. 종종 D를 사용하기도 한다.

간단히 변수가 2개인 함수를 미분해도 그 계산 과정은 2×1 행렬과 1×2행렬의 곱이 된다. 층이 늘어나게 되면 중간에 활성화 함수가 더 많아지며, 미분함수도 복잡해지고 계산할 행렬의 크기도 증가하게 된다. 또한, 딥러닝에서는 매개변수(parameter)의 개수가 만 개 이상인 경우도 많은데 이런 경우 미분 과정에는 10,000×10,000 이상의 행렬 곱셈이 필요하게 된다. 이 정도의 계산은 보통의 컴퓨터로도 매우 복잡한 계산이다.

한때 신경망을 여러 층으로 계산하면 효율이 더 높아질 것이라는 추정은 했지만, 복잡한 미분 계산을 해결할 방법이 없었기에 발전이 멈춰 있던 때가 있었다. 이 문제를 해결한 것이 오류 역전파였다. 실제 keras 를 사용한 코딩 과정에서 손실 함수와 최적화 함수에 이미 오류 역전파가 내장되어 있으므로 별도로 계산하거나 설정할 일이 없다. 여기서는 딥러닝의 핵심이라 할 수 있는 학습 과정을 이해하고 모델 설정에서 정해지는 가중치와 손실 함수의 관계를 알아보며, 최적화 과정이 어떻게 이루어지는지 원리를 이해하는 것이 목적이다.

5.1 오류 역전파(Error Backpropagation)

딥러닝 과정에서 학습은 손실을 최소화하는 과정으로 이루어진다. 손실의 최소화는 미분을 통해 이루어지는데, 층이 깊어지면서 손실을 미분하는 계산은 복잡해지며 한 번에 미분을 계산하기란 거의 불가능하게 된다. 이를 해결하는 방법이 오류 역전파인데, 이는 함숫값은 정방향(forward)으로 계산하고, 미분은 역방향(backward)으로 계산한다는 의미다.

오류 역전파는 복잡한 손실 함수의 미분을 한 번에 계산하는 것이 아니라 한 단계씩 나눠서 점화식처럼 차근차근 계산하는 것이다. 손실 함수 전체의 계산은 매우 복잡할 수 있으나, 각 단계의 계산은 매우 간단한 과정이다. 이런 간단한 계산을 점화식처럼 연계해서 계산하면 전체 손실 함수에 대한 미분값 계산이 가능해진다.

5.2 오류 역전파 계산 과정

오류 역전파는 전체 미분 계산을 한 단계씩 나눠서 하는 것이다. 계산 과정에서 단위가 되는 계산식은 [이전 단계의 미분값]×[현 단계의 미분값]이다. 식으로 나타내면 다음과 같다.

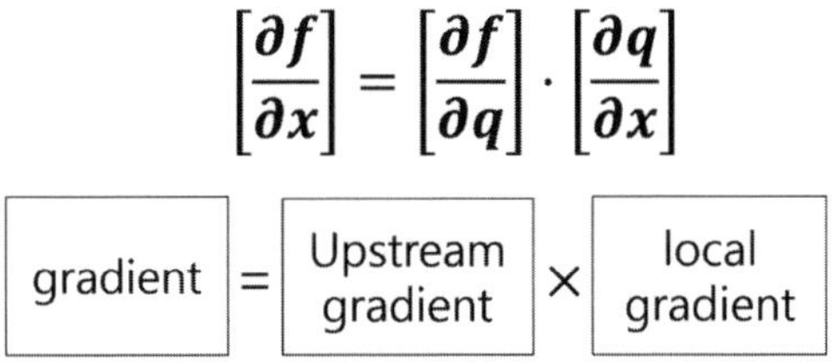

$$\left[\frac{\partial f}{\partial x}\right] = \left[\frac{\partial f}{\partial q}\right] \cdot \left[\frac{\partial q}{\partial x}\right]$$

$$\text{gradient} = \text{Upstream gradient} \times \text{local gradient}$$

[그림 5-15] 오류 역전파 단위 계산

전체 오류 역전파를 계산하는 과정은 [그림 5-16]처럼 네 개의 과정으로 나눠 설명할 수 있다. 함수 $f(x, y, z)=(x+y)z$의 예를 통해 설명하겠다.

$$f(x, y, z) = (x + y)z$$

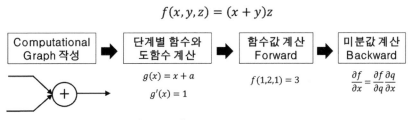

[그림 5-16] 오류 역전파 계산 과정

계산 그래프(Computational Graph) 작성

함수식의 계산 과정을 그래프로 그리는 과정이다. 주어진 함수의 경우 1단계는 두 변수를 합하는 과정으로 $(x+y)$ 값을 구하는 것이고, 2단계는 1단계에 변수 z를 곱하는 과정인 $(x+y)z$이다. 이 과정을 그림으로 그리면 아래와 같다.

$f(x,y,z) = (x+y)z$
x
y
z

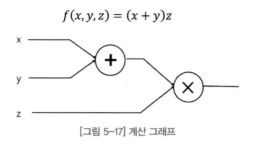

[그림 5-17] 계산 그래프

단계별 함수와 도함수 계산

첫 번째 과정에서 필요한 단계가 덧셈과 곱셈 두 가지였다. 그것을 함수로 표현하고 도함수를 구하면 [그림 5-18]과 같다.

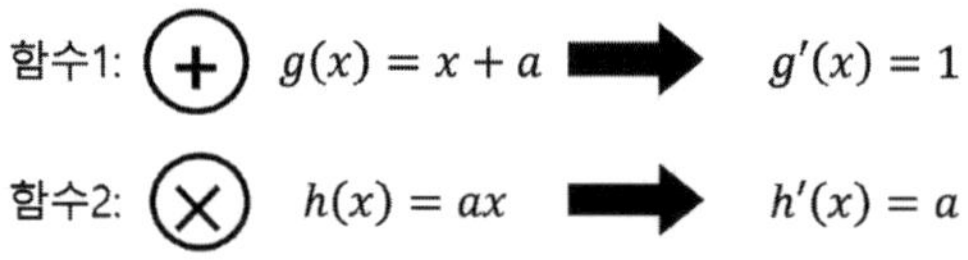

함수1:
$g(x) = x + a$
$g'(x) = 1$
함수2:
$h(x) = ax$
$h'(x) = a$

[그림 5-18] 단계별 함수와 도함수 계산

함숫값 계산(forward)

함숫값 계산은 주어진 입력값을 함수에 대입해 정방향으로 단계별로 계산하면 된다. 입력값을 (1, −2, 1)로 설정해 계산한 결과이다.

$f(x,y,z) = (x+y)z$
x
1
y
-2
z
1
-1
-1
f

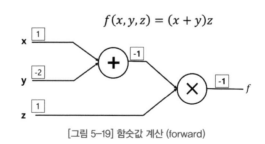

[그림 5-19] 함숫값 계산 (forward)

미분값 계산(backward)

이제 역전파로 미분값을 계산하는 과정이다. 이 과정은 끝에서부터 한 단계씩 진행해 최종적으로 전체 미분값을 얻게 된다.

첫 번째 단계는 맨 끝에 있는 함수 f의 미분인데, 이 단계는 함수 f를 자기 자신으로 미분하는 것이기에 $\frac{a \to \partial}{\partial}=1$이다.

다음 단계는 이전의 미분값과 지금 단계에서의 미분값의 곱으로 구해진다. 이 과정을 반복적으로 실행해 최종적으로 각 변수에 대한 미분값을 계산한다.

$$f(x, y, z) = (x + y)z$$

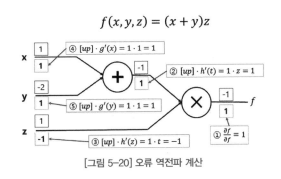

[그림 5-20] 오류 역전파 계산

오류 역전파는 매 단계에서 [이전 미분값]×[현재 미분값]으로 계산된다.

① $\frac{\partial f}{\partial f}=1$ 단계: 이전 단계가 없으므로 함수 f 자신을 미분한 값으로 항상 1이 된다.

② $[up] \cdot h'(t)=1 \cdot z=1$ 단계: 이전 단계인 ①단계의 미분값은 1이고, 현재 단계는 [그림 5-18]에서 함수2인 곱셈 함수인데 여기서 변수는 $t=x+y$이고 함수는 $g(t)=z \cdot t$이므로 그 미분은 $g'(t)=z$가 된다. 입력값에서 $z=1$이므로 미분값도 1이 되어, 이 단계의 미분값은 1이다.

③ $[up] \cdot h'(z)=1 \cdot t=-1$ 단계: 이 단계는 ②단계와 마찬가지로 이전 단계는 ①단계이고 미분값은 1이다. 현재 단계의 함수도 [그림 5-18]에서 함수2인 곱셈 함수이고 변수는 z, 함수는 $g(z)=t \cdot z$이므로 $t=x+y$이며 그 미분은 $g'(z)=t$가 된다. 입력값에서 $x=1, y=-2$이므로 현재 단계의 미분값은 -1이 된다. 따라서 이 단계의 미분값은 $1 \cdot (-1)=-1$이다.

④ $[up] \cdot g'(x)=1 \cdot 1=1$ 단계: 이 단계의 이전 단계는 ②단계로 미분값은 1이었다. 현재 단계는 [그림 5-18]에서 덧셈 함수인 함수1이며, 변수는 x, 함수는 $h(x)=x+y$이고 그 미분값은 1이다. 따라서 이 단계의 미분값은 1이다.

⑤ $[up] \cdot g'(y)=1 \cdot 1=1$ 단계: 이 단계는 ④단계와 계산 과정이 같다. 다만 현재 단계의 변수는 y이며 함수는 $h(y)=x+y$이다. 따라서 미분값도 1로 동일하다.

위 단계를 통해 입력값에 대한 미분값은 $\nabla f(1, -2, 1)=(1, 1, -2)$로 계산된다. 복잡한 미분 행렬 계산 없이 간단한 과정을 연계해 미분값을 구한 것이다.

여기까지 간단한 예제를 통해서 오류 역전파의 계산 과정을 알아보았다. 이제 조금 더 복잡한 형태를 살펴보자.

5.3 선형 모델의 오류 역전파 계산

이번에는 신경망에서 실제 사용되는 경우로 신경망의 한 층이 선형 모델과 sigmoid 활성화 함수로 이루어진 경우이다. 입력은 2차원 벡터 $x=[x_0, x_1]$로 2개의 변수로 이루어져 있다. 선형 모델은 $Wx+b$이며 여기서 $W=[w_0, w_1]$으로 매개변수(parameter)는 2개이며, 편향(bias) b는 한 개의 매개변수 w_2를 가지고 있으므로 매개변수는 총 3개이다. 이들을 합쳐서 가중치를 $W=[w_0, w_1, w_2]$로 설정했다.

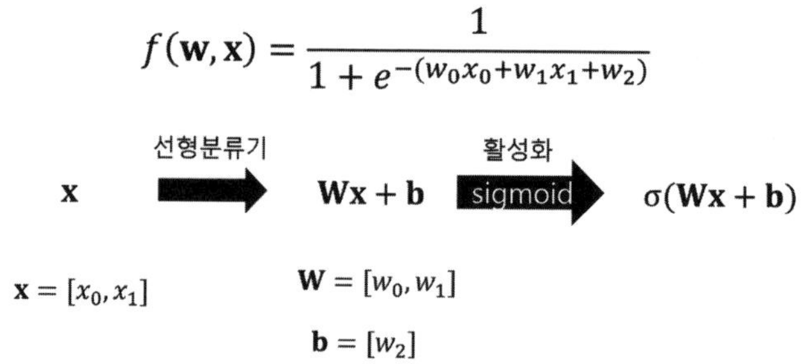

$$f(\mathbf{w}, \mathbf{x}) = \frac{1}{1 + e^{-(w_0 x_0 + w_1 x_1 + w_2)}}$$

선형분류기 　　　　　　 활성화

$$\mathbf{x} \quad \Longrightarrow \quad \mathbf{Wx + b} \quad \boxed{\text{sigmoid}} \quad \Longrightarrow \quad \sigma(\mathbf{Wx + b})$$

$$\mathbf{x} = [x_0, x_1] \qquad \mathbf{W} = [w_0, w_1]$$

$$\mathbf{b} = [w_2]$$

[그림 5-21] 선형 모델과 sigmoid 활성화 함수로 이루어진 층

• 위의 오류 역전파 계산 과정에 맞춰 첫 번째 계산 그래프를 그리면 [그림 5-22]와 같다.

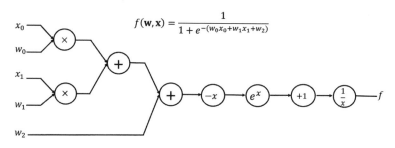

[그림 5-22] 선형 모델 계산 그래프

• 두 번째 과정은 필요한 함수와 도함수를 계산한다. 이 과정에 필요한 함수는 각 계산 과정에서 사용하는 함수로 정리를 하면 [그림 5-23]과 같다.

함수1: $h(x) = ax \;\Rightarrow\; h'(x) = a$ 　　　함수3: $k(x) = e^x \;\Rightarrow\; k'(x) = e^x$

함수2: $g(x) = x + a \;\Rightarrow\; g'(x) = 1$ 　　　함수4: $m(x) = \frac{1}{x} \;\Rightarrow\; m'(x) = \frac{-1}{x^2}$

[그림 5-23] 선형 모델 함수와 도함수 계산

• 세 번째 과정은 입력값을 $x=[2, -2]$로 설정하고, 매개변수는 실제 상황에선 처음에는 랜덤으로 주어지지만 여기서는 임의값으로 설정해 $W=[-1, -3, -3]$을 입력해 함숫값을 계산한다.

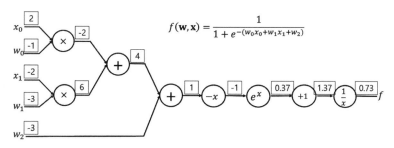

[그림 5-24] 선형 모델 함숫값 계산

• 마지막으로 역전파로 미분값을 구한다. 이 과정은 [그림 5-25]로 표현했다.

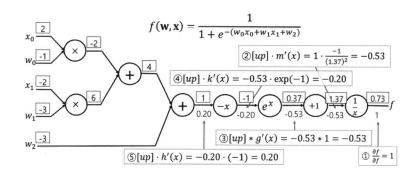

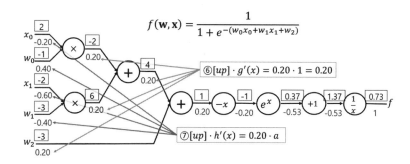

[그림 5-25] 선형 모델 오류 역전파

① $\frac{\partial f}{\partial f}=1$ 단계: 이전 단계가 없으므로 함수 f 자신을 미분한 값으로 항상 1이 된다.

② $[up] \cdot m'(x)=1 \cdot \frac{(-1)}{(1.37)^2}=-0.53$ 단계: 이전 단계인 ①단계의 미분값은 1이고, 현재 단계는 [그림 5-23]에서 함수 4인 $\frac{1}{x}$ 함수이며 미분은 $-\frac{1}{x^2}$ 이다. 이 단계에서의 함숫값은 1.37이므로 대입하면 ②와 같이 되며 미분값은 -0.53 이 된다.

③ $[up] \cdot g'(x)=-0.53 \cdot 1=-0.53$ 단계: 이전 단계는 ②단계이고 미분값은 -0.53이다. 현재 단계의 함수는 [그림 5-23]에서 함수2인 덧셈 함수이고 미분은 1이다. 따라서 이 단계의 미분값은 ③에서와 같이 -0.53이 된다.

④ $[up] \cdot k'(x) = -0.53 \cdot exp(-1) = -0.20$ 단계: 이전 단계는 ③단계이고 미분값은 -0.53이다. 현재 단계의 함수는 [그림 5-23]에서 함수3인 지수함수 e^x이고 미분값은 함숫값과 같은 0.37이다. 따라서 이 단계의 미분값은 $-0.53 \cdot 0.37 = -0.20$이 된다.

⑤ $[up] \cdot h'(x) = -0.20 \cdot (-1) = 0.20$ 단계: 이전 단계는 ④단계이고 미분값은 -0.20이다. 현재 단계의 함수는 [그림 5-23]에서 함수1인 상수를 곱한 함수이고 미분값은 곱한 상수인 -1이 된다. 따라서 이 단계의 미분값은 $-0.20 \cdot (-1) = 0.20$이 된다.

⑥ $[up] \cdot g'(x) = 0.20 \cdot 1 = 0.20$ 단계: 이 단계는 두 단계를 합쳐서 그려 놓은 것이다. 하지만 이 단계의 모든 과정은 현재 단계의 함수가 [그림 5-23]에서 함수2인 상수를 더한 함수이고 미분값은 항상 1이 된다. 따라서 이 단계의 미분값은 이전 단계에서의 미분값과 동일하다. 이전 단계의 미분값이 0.20이었고 이 단계의 미분값도 모두 0.20이 된다.

⑦ $[up] \cdot h'(x) = 0.20 \cdot a$ 단계: 이 단계의 이전 단계인 ⑥단계에서의 미분값은 0.20이다. 현재 단계의 함수는 [그림 5-23]에서 함수1인 상수를 곱한 함수이고 미분값은 곱해진 상수값이 된다. 이 단계의 첫 번째 식은 $w_0 x_0$인데, x_0의 경우 미분값이 곱해진 상수인 $w_0 = -1$이 되고 w_0의 경우에는 곱해진 상수인 $x_0 = 2$가 되어 미분값은 각각 -0.20, 0.40이 된다. 두 번째 식인 $w_1 x_1$의 경우도 똑같이 계산되므로 미분값은 -0.60, -0.40이 된다.

이 과정들을 통해 입력값 $W = [-1, -3, -3]$에서의 미분값은 $\nabla f(-1, -3, -3) = (0.4, -0.4, 0.2)$가 된다. 이 과정의 계산 그래프를 다시 선형 모델 부분과 sigmoid로 나눠서 살펴보면 [그림 5-26]과 같이 선형 모델 부분과 sigmoid 활성화 함수 부분으로 구분할 수 있다.

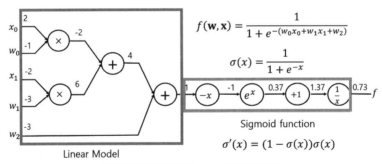

[그림 5-26] 선형 모델과 sigmoid 활성화 함수

앞부분의 선형 모델 부분과 뒷부분의 sigmoid 활성화 함수로 확연히 구분되며, 두 경우가 결합되었을 경우 오류 역전파 계산과정을 확인해볼 수 있다. 실제 학습 과정에서 사용하는 모델들은 훨씬 복잡하지만, 기본 원리는 여기서 다룬 예와 크게 다르지 않다.

6. 규제 강화

딥러닝 학습 과정에서 학습 성능은 주로 정확도나 손실로 측정한다. 예를 들어 CIFAR10처럼 10개의 class를 분류하는 경우에 학습 과정에서 metrics='acc'를 설정해 정확도를 계산하면 학습이 정확하게 이루어지는 정도를 확인할 수 있다. 그리고 모델의 성능은 이런 정확도를 향상시킴으로써 확인이 가능하다. 손실의 경우는 compile에서 loss를 설정함으로써 자동적으로 손실값이 학습 중에 출력되며, 손실이 줄어드는 정도를 확인함으로써 학습 성능을 확인할 수 있다.

딥러닝 학습의 목표는 충분히 좋은 성능을 발휘하는 모델을 만드는 것이다. 성능은 기본적으로 데이터의 상태, 학습 모델이 주된 결정 요인이 된다. 그 외에도 손실 함수(loss), 최적화 함수(optimizer), 학습률과 같은 hyper-parameter들도 영향을 준다.

학습이 어느 정도 진행되어 모델의 세세한 부분까지 확정되고 나면 그 상태에서 성능을 더 향상시키는 방법이 필요하다. 이때 사용되는 기법이 과적합 해소이다. 기본적으로 과적합을 해소하면 성능이 조금 더 향상이 된다. 과적합은 5.1절에서 알아보았고 여기서는 과적합을 해소하는 방법을 알아본다.

과적합은 데이터와 모델이 너무 잘 맞춰진 나머지 생기는 문제이다. 그렇기에 과적합을 해소하기 위해서는 데이터의 양을 늘리거나 모델을 조금 더 단순화시킬 필요가 있다.

훈련 오류가 아닌, 일반화 오류(과적합)를 줄이려는 의도로 학습 알고리즘을 수정하는 모든 방법을 규제 강화(regularization)라고 한다. 규제 강화에는 가중치에 제약을 주는 손실 추가, 데이터 양을 늘리는 데이터 증강(augmentation), 모델을 단순화하는 Dropout 등 여러 가지 기법들이 사용된다.

6.1 손실 추가

손실은 레이블(참값)과 계산값의 차이로 정의된 함수이다. 손실을 계산할 때 가중치(weight)의 크기에 대한 제한은 없었다. 행렬 계산의 특성상 Ax=0이면 2Ax=0이 되어 가중치에 대한 규제가 없으면 다양한 값으로 추정될 수 있다. 이러한 가중치에 대한 규제를 추가해 계산한 것이 손실 추가이다. 즉 기존의 손실 함수에 가중치 규제에 대한 항을 추가한 것으로, 가중치 규제는 행렬의 크기를 규제하는 방식이다.

손실 추가는 행렬의 크기를 측정하는 방법에 따라 Lasso(L_1 규제), Ridge(L_2 규제), Elastic Net(L_1, L_2 혼합 규제)이라 하며, 선형회귀에서도 자주 사용한다.

$$L(W) = \frac{1}{N}\sum_{i=1}^{N} L_i(f(x_i, W), y_i) + \boxed{R(W)}$$

$$\text{Lasso}(L_1) : R(W) = \lambda \sum_i \sum_j |W_{i,j}|$$

$$\text{Ridge}(L_2) : R(W) = \lambda \sum_i \sum_j W_{i,j}^2$$

$$\text{Elastic Net } (L_1 + L_2): R(W) = \sum_i \sum_j \lambda_1 |W_{i,j}| + \lambda_2 W_{i,j}^2$$

$\lambda, \lambda_1, \lambda_2$:규제 강도
Hyper-parameter

[그림 5-27] 규제 강화 : 손실 추가

L_2 규제의 경우를 예를 들어 살펴보면, 입력 벡터가 $x=[1, 0, 1, 0]$이고 가중치가 각각 $W_1=[1, 0, 0, 0]$, $W_2=[0.5, 0, 0.5, 0]$인 경우에 score는 $W_1x=W_2x=1$로 두 경우 모두 1이 된다. L_2 규제는 행렬의 크기를 L_2 거리로 측정한 것으로 규제 강화는 $R(W)=\sum_k \sum_l W_{kl}^2$ (W_{kl}: W의 (k, l)의 성분)로 계산되는데 여기서는 행렬이 간단한 1차원 벡터이므로 $R(W)=\sum_k W_k^2$가 된다. W_1, W_2의 경우를 각각 계산해보면, $R(W_1)=1$, $R(W_2)=2(0.5)^2=0.5$가 된다. 따라서, L_2 규제를 적용하면 W_2가 더 좋은 모델이 된다. 실제 L_2 규제는 결과적으로 가중치들이 고르게 분포하는 경우가 더 좋은 모델이 된다.

◀ 혼자 정리하는 딥러닝 ▶

행렬의 크기

행렬의 크기는 벡터의 크기를 측정하는 것처럼 행렬의 성분으로 그 크기를 측정한다. 일반적인 거리 개념을 사용하는 경우에는 행과 열에 각각 크기를 정의한다. 예를 들어 $L_{2,1}$의 경우 행렬 A가 $m \times n$의 크기이고 (i, j)에서의 성분이 a_{ij}일 때, 다음과 같이 계산된다.

$$\| A \|_{2,1} = \sum_{j=1}^{n} \| a_j \|_2 = \sum_{i}^{m} \left(\sum_{j}^{n} |a_{ij}|^2 \right)^{1/2}$$

그 외에도 행렬에만 사용하는 프로베니우스 놈(Frobenius norm)이 있다. 프로베니우스 놈은 행렬 A 가 $m \times n$의 크기이고 (i, j)에서의 성분이 a_{ij}일 때, 다음과 같이 계산된다.

$$\| A \|_F = \sqrt{\sum_{i}^{m} \sum_{j}^{n} |a_{ij}|^2}$$

6.2 데이터 증강 Data Augmentation

과적합을 해결하는 방법 중 하나로 데이터 양을 늘리는 방법이 있다. 처음부터 계획해서 많은 양의 데이터를 수집하지 않는 이상, 중간에 데이터를 늘리기는 쉬운 일이 아니다. 이럴 때 사용하는 것이 데이터 증강이다.

이미지의 경우 데이터 증강은 원본 이미지를 크기 조절, 자르기, 회전, 평행이동, 확대, 축소, 반전, 색상 변조 등을 통해 새로운 이미지를 만들어내는 것이다.

keras의 경우 ImageDataGenerator 클래스를 사용해 간단한 인수 설정으로 데이터 증강을 할 수 있다.

[그림 5-28] 데이터 증강 (출처: http://cs231n.stanford.edu/schedule.html)

6.3 Dropout

신경망을 학습시키는 과정에서 과적합이 일어났다는 것은 학습 모델이 데이터에 비해 복잡하다는 의미이다. 또한 신경망은 모든 뉴런들이 연결되어 있는(fully connected) 상태여서 복잡도가 높은 상태다. 그래서 신경망의 연결을 일정 부분 제거함으로써 모델을 단순화해 과적합을 해결할 수 있다. 이러한 기법이 Dropout이다.

Dropout은 일정 확률로 신경망의 연결을 배제해 훈련시키는 방법이다. [그림 5-29]와 같이 연결을 배제해서 학습시키면 과적합이 해소되어 성능이 더 향상되는 경향이 있다.

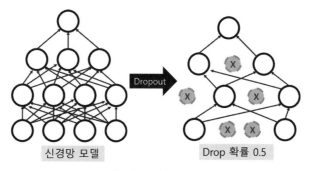

[그림 5-29] Dropout

딥러닝 학습 과정에서 반드시 직면하는 문제가 과적합이다. 과적합은 뭔가 잘못되어가고 있는 징후로 볼 수도 있지만, 학습 모델을 훈련시키는 과정에서는 반드시 거쳐가야 하는 과정이다. 과적합을 통해 학습 모델의 한계를 알 수 있기에 반드시 과적합 상태를 만들고 나서 다음 단계를 검토하는 것이 타당하다. 과적합이 발생한 다음 단계는 보통 모델을 개선하거나 과적합을 해소하는 것이다. 여기서 소개된 규제 강화 기법들 외에도 Drop Connect, Batch Normalization 등 다양한 기법들이 존재한다.

7. 최적화 기법

학습의 성능을 좌우하는 것 중 하나가 최적화 기법이다. 지금까지 배운 최적화 기법은 경사 하강법과 경사 하강법을 batch_size별로 학습시키는 SGD였다. 하지만 SGD는 함수의 상태와 미분의 특성으로 인한 한계가 있다. 이번 절에서는 그 한계가 무엇인지 알아보고 한계를 극복하기 위해 개발된 기법들을 살펴본다.

7.1 SGD의 한계

SGD는 단순히 미분값을 구해 미분 방향으로 학습률(learning rate)만큼 가중치를 업데이트해주는 방식이다. 하지만 이 방식에는 몇 가지 문제점이 있다. 우선 상황이 맞지 않으면 수렴하는 데 노이즈가 많이 발생할 수 있다. 예를 들어 x축으로 길고 y축으로 짧은 영역에서 학습이 진행되면 y축으로는 지그재그로 움직이게 되어 값이 수렴하는 데 계산을 여러 번 수행해야 한다.

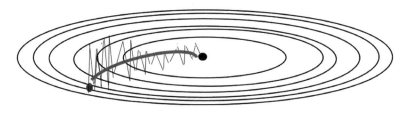

[그림 5-30] 열악한 상황

또한 극소값(local minimum)이나 안장점(saddle point)에서 미분값이 0이므로, 경사하강을 진행하는 중에 최솟값으로 진행하지 못하고 이 점들에 수렴할 수 있다. 그러면 학습이 최솟값이 아닌 점에서 학습 진행이 멈춰버리므로 더 이상 업데이트가 불가능하게 된다.

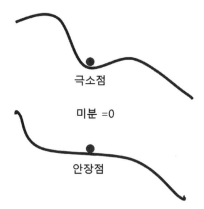

[그림 5-31] SGD 한계 : 극소점과 안장점

7.2 SGD 개선

SGD의 한계를 극복하기 위한 접근 방법이 크게 두 가지 있었다. 하나는 가중치를 업데이트할 때 미분의 진행 방향에 변화를 주는 것이고, 다른 하나는 가중치를 업데이트할 때 이동 보폭(step size)에 변화를 주는 방법이다.

진행 방향에 변화를 주는 것은 미분 방향으로만 진행하면 미분값이 0인 극소값이나 안장점에서 멈춰버리기 때문이다. 미분 방향에 다른 momentum을 추가해 고착되는 상황에 변화를 줌으로써 그 상황에서 벗어나게 하는 방식으로 개선된 기법이 momentum 기법이고, 먼저 진행한 후 미분을 적용하는 기법이 NAG(Nesterov Accelerated Gradient) 기법이다.

두 번째 방법인 이동 보폭에 변화를 주는 것은 학습률이 변동하는 방식으로 수렴성에 대한 고찰을 담은 것이다. 미분 방향으로 일정한 속도(학습률)로 업데이트를 진행하다 보면 최솟값 근처에서 이동 보폭이 수렴하기에 너무 커져 노이즈가 심해지면서 수렴하는 데 오래 걸린다. 잘 수렴하려면 처음에는 더 크게 움직여서 최소점 근처로 빨리 이동하고, 최소점 근처에 도달하게 되면 점점 더 보폭이 줄어들어야 한다. 이 보폭 조절은 결국 학습이 진행되면서 학습률을 적당히 줄여간다는 의미가 된다. 이렇게 자동으로 보폭(학습률)을 조절하는 방법을 사용한 것이 AdaGrad, RMSProp 등의 기법이다.

위의 진행 방향 변화와 보폭 변화 두 가지 방법의 장점을 취해서 만들어진 것이 Adam이다.

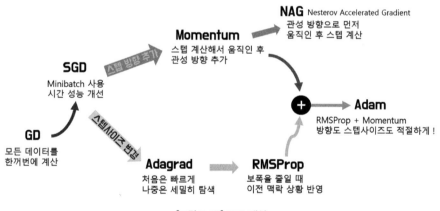

[그림 5-32] SGD 개선

이제 optimizer를 설정할 때 선택할 수 있는 최적화 기법이 다양해졌다. Adam 이후에도 지속적인 최적화 기법 연구가 진행되고 있다.

이번 장의 마무리

- 신경망 모델은 선형 모델을 결합한 형태로 선형 모델 사이에 활성화 함수를 두어 비선형적인 과정을 추가해 선형 모델을 층으로 분리하고 있는 모델이다.

- 활성화 함수에는 sigmoid, tanh, ReLU 등이 있다. Sigmoid 함수는 출력값이 0~1 사이의 값으로 이진 분류에 주로 쓰이며, 원점 대칭이 아니기에 계산이 불리하고, 함숫값, 미분값이 0이 되는 부분이 많아 학습이 진행되지 않는 구간이 많으며 지수함수 형식을 띠므로 계산 비용이 많이 든다. Tanh 함수는 −1~1 사이의 값으로 원점 대칭이 되며, sigmoid와 다른 점이다. ReLU함수는 양수 구간에서는 입력값 그대로 출력하고 음수구간에서는 0을 출력하는 함수로 간단한 함수임에도 성능은 훨씬 뛰어나다. 그 이외에도 wealy ReLU, elu, swish 등 ReLU의 음수 구간을 보강한 활성화 함수가 있다.

- 과적합은 학습 과정에서 모델이 데이터에 너무나 잘 맞춰진 나머지 새로운 데이터에는 오히려 정확도가 떨어지는 경우를 말한다. 과적합을 해소하려면 데이터의 양을 늘리거나 모델을 단순화하면 된다. 구체적인 방법으로는 기존 데이터를 변형해 새로운 데이터를 만드는 데이터 증강, 손실 함수를 더 강한 조건으로 만들어주는 손실 추가, 모델을 단순화해주는 Dropout, Drop Connect 등이 있다.

- 오류 역전파는 손실 함수를 모델의 가중치로 미분하는 과정을 일컫는다. 손실 함수는 가중치의 함수이므로 가중치로 미분해 업데이트하는 것이 경사 하강법이다. 이 과정에서 미분 변수에 해당하는 가중치는 많은 경우 수백만에서 수억 개에 이르며, 이를 한 번에 미분하기란 거의 불가능하다. 그렇기에 한 스텝씩 과정별로 미분하는 오류 역전파가 고안되었다.

- 최적화 함수는 경사 하강법에서 출발한 SGD를 기반으로 한다. 하지만 SGD는 노이즈와 수렴성에 한계가 있으므로 이를 개선해 만든 것이 NAG, RMSProp, Adam 등의 최적화 함수가 있다.

연습 문제

[1~9] 다음 괄호 안에 들어갈 적당한 용어는 무엇인가요?

1 신경망 모델은 선형 모델을 여러 개의 층으로 결합한 형태로, 처음 입력층과 마지막 출력층을 제외한 중간층을 (　　)이라 하며, 각 층을 이루는 가중치를 신경망에 견주어 (　　)이라 한다.

2 신경망 모델은 선형 모델을 연결하는 것으로 선형 모델 사이에 (　　)를 두어 층과 층 사이를 구분한다.

3 한 층의 계산 결과를 변환해 새로운 입력값으로 만들어주는 것을 (　　)라 하며, 이런 역할을 하는 함수를 (　　)라 한다.

4 활성화 함수에는 여러 종류가 있다. 그중에서 0~1사이값을 출력하고 주로 이진 분류 등에 활용되는 (　　)함수가 있고, −1~1 사잇값을 출력하며 원점 대칭인 (　　) 함수, 그리고 양수인 경우 양수값 그대로 출력하고 음수인 경우 0을 출력하는 (　　) 함수 등이 있다.

5 과적합 문제를 해결하기 위한 모든 기법을 통칭해 (　　)라 한다.

6 과적합은 학습 모델이 너무 학습 데이터에 잘 맞춰져서 발생하는 문제로, 이를 해결하는 방법으로 데이터를 추가하는 방법인 (　　) 기법이 있고, 모델을 간소하게 만드는 방법으로 신경망의 연결을 확률적으로 연결해주는 (　　) 기법이 있고, 손실 함수를 더 강화시키는 (　　) 기법이 있다.

7 SGD 기법은 미분값을 계산할 때, 함수 조건이 열악한 경우 노이즈가 심해질 수 있고, 미분값이 0이면서 전체 범위에서의 최솟값이 아닌 (　　)이나 증가, 감소가 모두 일어나는 (　　)에서 진행이 멈출 수 있다는 한계가 있다.

8 SGD 기법을 개선하기 위한 방법으로 진행 방향에 변화를 주어 극소점이나 안장점에 수렴하는 것을 방지할 수 있는 기법으로 미분에 추가적인 방향을 더하는 momentum 기법이 있고 이를 개선해 진행 방향으로 먼저 움직인 후에 미분을 적용하는 (　　) 기법이 있다.

9 SGD 기법을 개선하기 위한 방법으로 보폭을 조절해 보다 더 안정적으로 수렴할 수 있게 하는 기법으로 Adagrad 기법이 있고 여기에 움직인 과정의 맥락을 추가해 보강한 기법이 (   ) 기법이다. 진행 방향 변화와 보폭 조절을 다 사용한 기법으로 (   ) 기법이 있다.

[10~11] 다음 질문에 주어진 계산값을 구하세요.

10 입력 벡터가 12차원이고 출력 벡터가 4차원이며, 중간 층의 뉴런이 각각 10, 8인 3층 신경망을 학습시킬 매개변수(parameter)의 총 개수를 구하세요.

11 입력 이미지가 15×15×3인 컬러 이미지이고 class 10인 분류 문제에서 중간층의 뉴런이 32인 신경망 모델의 매개변수 개수를 구하세요.

[12~13] 오류 역전파를 이용하여 주어진 점에서 미분값을 구하세요.

12 $f(x, y, z) = xy + z^2$, 입력 $(1, -2, 2)$

13 입력 변수 2개, 출력값 1개인 선형층에서 활성화 함수로 ReLU를 사용하고, 입력값 $(1, 2)$이고 가중치 $(1, 2, 1)$인 경우

실습 예제_ 신경망 모델: Mnist

실습 예제 MNIST 이미지 데이터를 이용해 신경망 모델 학습시키기

Code 설명

1 기본 라이브러리 호출

```
import numpy as np
import pandas as pd
```

2 데이터 처리

2 − 1 데이터 불러오기

```
from tensorflow.keras.datasets.mnist import load_data
(train_x, train_y), (test_x, test_y) = load_data()
# 학습용 데이터와 평가용 데이터를 각각 데이터와 레이블이 다른 변수로 불러오기
```

2 − 2 데이터 형태 확인

```
train_x.shape, train_y.shape
```

```
test_x.shape, test_y.shape
```

2 − 3 데이터를 이미지로 변환해 원래 이미지 확인

```
from PIL import Image
img = train_x[0]

import matplotlib.pyplot as plt
img1 = Image.fromarray(img, mode = 'L')
plt.imshow(img1)
train_y[0]  # 0번째 학습용 데이터의 레이블 확인
```

3 데이터 전처리

3 – 1 데이터의 형태를 벡터로 변환

```
train_x1 = train_x.reshape(60000, -1)
test_x1 = test_x.reshape(10000, -1)
```

3 – 2 이미지 데이터이므로 255를 나누어준다

```
train_x2 = train_x1/255
test_x2 = test_x1/255
```

4 모델 설정

4 – 1 모델 설정에 필요한 라이브러리 호출

```
from tensorflow.keras.models import Sequential
from tensorflow.keras.layers import Dense
```

4 – 2 모델명을 md로 설정해 선형층(Dense) 쌓기

```
md = Sequential()
md.add(Dense(128, activation = 'relu', input_shape = (28*28, )))
md.add(Dense(64, activation = 'relu'))
md.add(Dense(10, activation = 'softmax'))  # 선형분류이므로 마지막 층은 softmax로 활성화
md.summary()  # 모델을 요약해 출력
```

4 – 3 모델을 그림으로 출력하기

```
md = Sequential()
md.add(Dense(128, activation = 'relu', input_shape = (28*28, )))
md.add(Dense(64,activation = 'relu'))
md.add(Dense(10,activation = 'softmax'))  # 선형분류이므로 마지막 층은 softmax로 활성화
md.summary()  # 모델을 요약해 출력
```

5 모델 학습 진행

5 – 1 모델 compile

```
md.compile(loss = 'sparse_categorical_crossentropy',
optimizer = 'sgd', metrics = 'acc')
```

5 – 2 모델 학습: 학습 횟수, batch_size, validation_split 설정

```
hist = md.fit(train_x2, train_y, epochs = 50, batch_size = 64,
validation _sp lit = 0.2)
```

5 – 3 학습 분석 그래프 그리기

```
acc = hist.history['acc']
val_acc = hist.history['val_acc']
epoch = np.arange(1, len(acc)+1)
plt.figure(figsize = (10, 8))
plt.xlim(250, len(acc)+1)
plt.ylim(0.92, 0.94)
plt.plot(epoch, acc, 'b', label = 'acc')
plt.plot(epoch, val_acc, 'g', label = 'val_acc')
plt.legend()

# 학습 횟수를 30,100번 시행 후 분석
```

6 결과 확인

```
md.evaluate(test_x2, test_y)
# 0.9757999
```

7 학습된 가중치 확인

```
weight=md.get_weights()
weight
```

PART 5 신경망 모델 139

여기까지 실행해 학습 과정을 확인할 수 있다. 또한 학습된 모델의 예측 결과가 97% 이상임을 확인할 수 있다. 이제 모델을 재설정해 더 나은 모델을 만들어보자.

```
## 모델 재설정
from tensorflow.keras.models import Sequential
from tensorflow.keras.layers import Dense
md = Sequential()
md.add(Dense(128, activation = 'relu', input_shape = (28*28, )))
md.add(Dense(64, activation = 'relu'))
md.add(Dense(32, activation = 'relu'))
md.add(Dense(10, activation = 'softmax'))
md.summary()


# 0.9740999937057495


이렇게 모델을 재설정하면 성능이 별로 향상되지 않는다.
## Dropout 적용 모델
from tensorflow.keras.models import Sequential
from tensorflow.keras.layers import Dense, Dropout
md = Sequential()
md.add(Dense(128, activation = 'relu', input_shape = (28*28, )))
md.add(Dense(64, activation = 'relu'))
md.add(Dropout(0.5))
md.add(Dense(10, activation = 'softmax'))
md.summary()


# 0.9785000085830688
```

Dropout을 적용했을 때 성능이 조금 더 향상된다.

질문 1 acc가 더 높은데도 평가값(evaluate)이 비슷한 이유는 무엇일까?

답변 ....

acc는 학습용 데이터로 측정한 값이고 평가값은 평가용 데이터를 사용한 것입니다.

acc가 더 높아졌다는 것은 학습용 데이터에는 더 최적화되었다는 의미입니다.

하지만 그렇게 학습된 모델이 평가용 데이터에는 별로 영향을 주지 못했다는 의미가 됩니다.

학습모델의 정확도를 보는 또다른 방법이 손실(loss)을 관찰하는 것입니다.

acc는 정답률을 계산한 것인데 손실은 차이를 계산한 것이기 때문에 종종 손실로 검증하는 것이 더 효율적입니다.

심화 문제_ 신경망 모델: CIFAR10

1 CIFAR10 데이터셋을 이용해 신경망 모델 학습시키기(실습 예제 참조)

PART 6

이미지 분류

학습 목표

- 이미지 분류에 사용되는 모델에는 어떤 것이 있는가?
- 신경망 모델보다 좀 더 고도화된 CNN모델은 어떤 방식으로 작동하는가?
- CNN모델을 사용한 알고리즘에는 어떤 것이 있는가?
- 이미 학습된 모델을 활용하는 전이 학습(Transfer Learning)은 무엇인가?

6 이미지 분류

이 장에서는 컴퓨터 비전의 핵심 과정인 CNN 모델에 대해 알아본다.
우선 이미지 데이터를 이미지 상태에서 불러올 수 있는 ImageDataGenerator 사용법에 대해 알아본다.
CNN 모델의 구성 요소인 Convolution(합성곱) 층, Pooling 층, FC 층에 대해 각각 살펴본다.
합성곱 층을 이루는 합성곱의 의미와 filter에 대해 알아보고, Pooling의 종류를 살펴본다.
CNN Architecture에서는 CNN 모델로 만들어진 Architecture들을 살펴본다.
끝으로 전이 학습에서 기존 모델로 학습된 결과를 활용하는 방법을 알아본다.

1. 이미지 분류 과정

이미지 분류는 컴퓨터가 사람처럼 사물을 시각적으로 인식하고 분류해내는 작업을 의미한다. 이 분야를 영어로는 Computer Vision이라 표현한다. 사람의 신경망을 형상화해서 만든 신경망 모델은 기본 단위가 선형 모델이다. 신경망 모델보다 더 고도화된 분석 기법인 CNN 모델(Convolutional Neural Networks Model)은 기본 단위가 합성곱(convolution) 필터(filter)이다. CNN 모델은 층을 깊게 하면 이미지의 특성들이 고스란히 필터에 의해 걸러지게 된다. 최초의 CNN 모델인 AlexNet은 8개의 층을 사용해 당시 (2012년) 이미지 경진대회에서 우승했고, 근래에는 백여 개의 층을 사용해 학습한 ResNet, SENet 등의 모델이 우승했다. 전이 학습(Transfer Learning)은 적은 데이터로 학습을 진행할 때 미리 학습된 모델의 가중치를 사용해 학습에 활용하는 기법이다.

컴퓨터가 이미지를 분류한다는 것은 획기적인 발견이었다. 이미지 분류는 이전 장에서 선형 모델, 신경망 모델로도 가능하지만, CNN 모델은 월등히 우수한 성능을 보이고 있다. 이 장에서는 이미지 분류에 탁월한 CNN 모델에 대해 자세히 살펴본다. 우선 CNN 모델은 기본적으로 Convolution Layer, Pooling Layer, FC(Fully Connected) Layer로 구성되어 있다. 합성곱 층(Convolution Layer)은 합성곱(convolution)과 활성화 함수로 이루어져 있고, Pooling Layer는 이미지의 특성을 강화시키며, FC Layer는 마지막에 출력값을 조절해주는 역할을 한다. 또한 CNN을 사용해 이미지 경진대회(ISLVRC)에서 우승한 모델들(AlexNet, VGG, GoogLeNet, ResNet 등)이 어떤 구조(architecture)로 이루어져 있는지 알아본다. 끝으로 이미 학습되어 있는 모델을 활용해 다른 데이터로 학습시키는 전이 학습에 대해 알아보기로 한다.

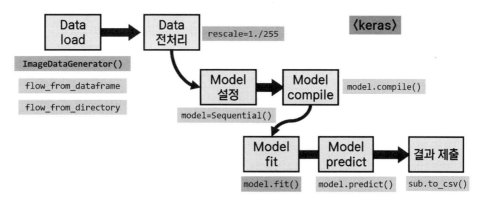

[그림 6-1] 이미지 데이터 학습 과정

이미지 데이터의 학습 과정은 [그림 6-1]처럼 이미지 데이터를 불러오는 과정에서 시작한다. 이 과정은 keras의 ImageDateGenerator 클래스를 사용한다. 데이터 전처리 과정도 ImageDataGenerator에서 같이 진행한다. 그 이후의 모델 설정, 모델 compile, 모델 학습과 예측은 기존의 과정과 동일하다. 다만 사용하는 모델에 차이가 있을 뿐이다.

2. 이미지 데이터 불러오기

이미지 데이터를 학습시키기 위해 데이터를 불러오는 방법에는 크게 두 가지가 있다. 하나는 이미지 데이터를 numpy 등의 숫자 데이터로 변환해 전체 데이터를 저장해서 학습시키는 것이고, 다른 하나는 이미지 자체를 적당한 개수(batch_size)만 불러와 사용하는 것이다.

이미지 데이터의 양이 적은 경우라면 두 가지 방법 모두 가능하지만, 이미지 데이터의 용량이 큰 경우는 첫 번째 방법으로 이미지를 변환해 저장하기에는 너무 큰 용량이 필요하므로 저장이 불가능하거나, 저장하더라도 효율적인 학습이 이루어지지 않게 된다. 이런 경우에는 이미지 자체를 batch_size 단위로 불러와 사용하는 것이 유용하다. keras에서는 ImageDataGenerator 클래스를 사용해 이러한 작업을 진행할 수 있다.

2.1 ImageDataGenerator

ImageDataGenerator 클래스에는 기존의 이미지를 그대로 불러올 수도 있고, 크기나 색상을 변환하거나 전처리할 수도 있다. 또한 이 클래스에는 데이터 증강에 사용하는 크기 조절, 확대, 축소, 회전 등의 인수들이 포함되어 있다. 단순히 이미지를 불러오는 역할만 할 때는 데이터 전처리만 적용해 rescale=1/255 인수만 추가하면 된다.

데이터를 불러오는 방식은 디렉토리 구조를 기반으로 불러오는 flow_from_directory()와 이미 만들어진

DataFrame 파일에서 batch_size별로 불러오는 flow_from_dataframe()이 있다. 두 가지 경우를 다음과 같이 정리할 수 있다.

- flow_from_directory

  이름에서 알 수 있듯 디렉토리 구조에서 데이터를 불러오는 함수이다. 이 함수는 이미지 데이터가 이미 class별로 디렉토리 형태로 정리되어 있는 경우에 사용이 가능하다. 레이블은 디렉토리 정보를 활용해 자동으로 one-hot encoding된다. 각각의 이미지들이 전체 데이터 디렉토리 아래에 저장돼 있어야 한다. 예를 들어 class가 dog/cat/frog라면 강아지는 dog 디렉토리에, 고양이는 cat 디렉토리에, 개구리는 frog 디렉토리에 저장돼 있어야 한다. flow_from_directory()를 실행하면 각각의 디렉토리가 하나의 레이블로 one-hot encoding된다. 즉, dog 디렉토리에 있는 이미지의 경우 레이블은 [1, 0, 0]이 된다.

- flow_from_dataframe

  이 함수는 이미지 파일 경로와 이미지 레이블이 DataFrame 파일에 정리되어 있는 경우에 사용이 가능하다. DataFrame 파일에서 이미지 파일의 경로와 레이블을 불러와 batch_size별로 데이터를 출력한다.

이미지 데이터 용량이 많은 경우에는 ImageDataGenerator를 사용해서 간단하게 이미지를 batch_size별로 불러올 수 있다. 자세한 내용은 실습 예제에서 다루도록 한다. ImageDataGenerator 클래스는 기본적으로 다음 코드와 같이 클래스를 불러와서 사용한다.

```
from tensorflow.keras.preprocessing.image import ImageDataGenerator
datagen = ImageDataGenerator(rescale=1./255))
```

데이터 증강에 사용할 때는 몇 가지 인수들로 옵션을 설정할 수 있다.

```
ImageDataGenerator(rotation_range=0, width_shift_range=0.0, height_sh
ift_range=0.0, brightness_range=None, shear_range=0.0, zoom_range=0.0,
horizontal_flip=False, vertical_flip=False, )
```

인수들에 대한 사용법과 설명은 https://keras.io/ko/preprocessing/image/에서 찾아볼 수 있다. 데이터 증강과 관련된 인수들을 간단히 아래와 같이 정리할 수 있다.

- rotation_range: 정수. 무작위 회전의 각도 범위
- width_shift_range: 부동소수점, 1D 형태의 유사배열 (배열에서 가져온 무작위 요소)혹은 정수
- height_shift_range: 부동소수점, 1D 형태의 유사배열 혹은 정수
- brightness_range: 두 부동소수점 값으로 이루어진 리스트 혹은 튜플. 밝기 정도를 조절할 값의 범위

- shear_range: 부동소수점. 층 밀리기의 강도(도 단위의 반시계 방향 층 밀리기 각도)

- zoom_range: 부동소수점 혹은 [하한, 상산]. 무작위 줌의 범위

- horizontal_flip: 불리언. 인풋을 무작위로 가로로 뒤집음

- vertical_flip: 불리언. 인풋을 무작위로 세로로 뒤집음

설명한 인수들을 적절히 사용하면 충분히 많은 양의 데이터를 증강해 사용할 수 있다.

3. CNN 모델 소개

CNN은 합성곱 신경망(Convolutional Neural Networks)으로 기존의 신경망이 선형 모델의 연결임에 비해 CNN은 선형 모델의 일차행렬계산 대신 합성곱(convolution)을 사용해 모델을 만드는 것이 가장 큰 차이이다. 합성곱을 사용한 신경망이라 볼 수 있다. CNN 모델은 이미지를 분석하는 데 매우 효율적인 모델로 2012년 이미지 경진대회(ILSVRC)에 등장해서 획기적인 성과를 거두었고, 그 이후로도 계속 발전하고 있다.

3.1 CNN 모델의 구성

CNN 모델은 합성곱 층(Convolution Layer), Pooling Layer, 신경망 층(Fully Connected Layer, FC Layer)의 3가지 층(layer)으로 구성된다. 합성곱 층은 주어진 이미지(또는 텐서)를 합성곱으로 처리해 활성화 함수를 사용해 활성화하는 과정이며, Pooling Layer는 합성곱으로 처리된 결과를 정해진 단위별로 모아 특성을 강화시키는 과정이며, 마지막 FC Layer는 이전 단계의 결과 텐서를 벡터화해 최종적으로 출력하고자 하는 결과 사이를 신경망으로 연결시켜주는 역할을 한다.

여기서 CNN 모델에만 있는 합성곱 층과 Pooling Layer로 이루어진 층을 CNN Layer라 한다. 이 CNN Layer를 여러 번 반복 사용해 모델을 설계하며, 끝부분에는 항상 FC Layer로 출력층을 설정한다. 또한 CNN Layer는 합성곱 층을 보통 1~3번 사용한 후 Pooling Layer를 한 번 적용한다. CNN Layer와 FC Layer 사이에는 텐서를 벡터로 만들어주는 벡터화 과정이 필요하다. 이 과정에는 주로 Flatten 클래스를 사용한다.

이 모든 과정들이 모여 하나의 CNN 모델이 된다. [그림 6-2]는 입력 이미지가 $32 \times 32 \times 3$인 경우를 예로 들어, CNN 모델이 진행되는 동안 데이터 형태와 크기가 변화하는 과정을 표현한 것이다.

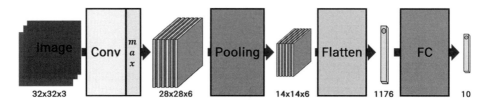

[그림 6-2] CNN 모델 학습 과정

처음 입력은 32×32×3의 3차원 데이터이다. 한 번의 합성곱 층을 거쳐 28×28×6인 크기의 3차원 데이터가 되었다. 이 CNN Layer에는 합성곱이 6번(6개의 필터) 사용된 것을 알 수 있다. 다음으로 Pooling layer을 거쳐 14×14×6인 크기의 데이터가 되었다. 이것을 벡터화(Flatten)함으로써 1,176 크기의 1차원 벡터가 된다. 마지막으로 FC layer를 거쳐 최종적으로 class 개수에 맞도록 10개의 값을 갖는 출력층이 만들어진다.

3.2 CNN 특징

여러 층을 사용한 CNN 모델은 층이 깊어질수록 처리되는 과정이 구체적인 이미지에서 추상적인 것으로 변하는 것으로 관찰된다. 첫 번째 층은 edge 감지기라고도 하며 이미지의 외형, 색상, 질감, 방향 등을 단순히 필터링하고 있다. 하지만, 층이 깊어질수록 추상적인 형태로 데이터가 변형되어 일정 수준을 지나면 알아볼 수 없는 형태가 된다. 실제 상황을 과정별로 이미지로 나타내어 확인해볼 수 있다. 이에 관한 구체적인 용어는 다음 절에서 자세히 설명한다.

[그림 6-3]은 입력 데이터의 형태는 300×400×3인 컬러 이미지이고 각 층은 Conv2D와 MaxPooling을 한 번씩 진행했다. Convolution filter는 1, 2번은 값을 지정해서 사용했고, 3번은 랜덤값으로 생성해 진행했다.

진행 과정은 데이터가 입력되면 각 3개의 Convolution filter로 convolutrion 연산해 feature map을 만들고 activation function(ReLU)을 적용해 activation map이 만들어진다. 이 결과가 [그림 6-3]에 Conv0-0 등으로 이름 붙여진 부분이다.

다음은 activation map을 MaxPooling 층에 입력해 pooling한다. 그러면 결과적으로 3개의 출력 map이 만들어진다. 이 결과가 [그림 6-3]의 MaxP0-0 등으로 이름 붙여진 부분이다.

그런 다음 출력 map 3개를 합쳐서 다시 새로운 입력 데이터를 만들어 처음부터 반복 진행한다.

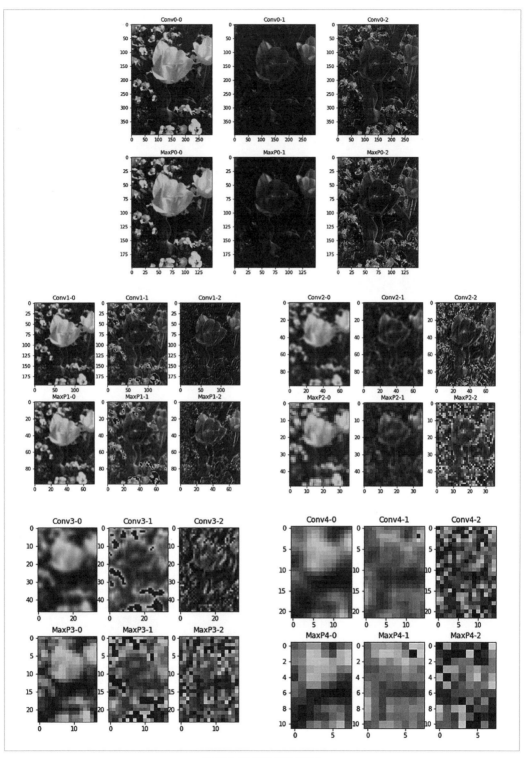

[그림 6-3] CNN 층별 이미지

첫 번째 층의 Convolution Layer(Conv0) 결과는 원래 사진이 무엇인지 명확히 알 수 있을 정도로 색상, 질감, 외형 등의 일정 부분이 강조된 느낌이다. MaxPooling(MaxP0) 층의 결과도 그림 크기만 줄어든 형태이다.

두 번째, 세 번째 층까지는 어느 정도 원본 사진을 짐작할 수 있지만, 네 번째 층을 넘어가면서부터는 원본 사진과는 무관한 형이상학적인 결과를 확인할 수 있다. 이 과정은 CNN 모델이 실제 이미지를 처리하는 과정을 보여주기 위해 임의로 만든 것이다. 실제 학습에서는 필터 안의 성분의 값들인 가중치가 계속 변하면서 최종 학습 결과 시 고정이 된다. 학습 과정에서 필터들이 문제에 맞게 최적화되며, 결과 또한 예제처럼 단순하지는 않다. 하지만, 이 예제를 통해서도 CNN 모델의 층이 깊어짐에 따라 출력이 어떻게 변화되는지를 확인해볼 수는 있다.

4. CNN 구성 요소

CNN 모델을 이루는 구성 요소들인 합성곱 층, Pooling Layer, FC Layer를 하나씩 살펴보자.

4.1 Convolution Layer

입력된 이미지에 합성곱(convolution)을 적용해 feature map(특성 맵)을 출력하는 과정이다.

(a) Convolution 연산

합성곱은 텐서(tensor)와 텐서 사이에서 정의되는 연산이다.

텐서는 차원에 따라 0차원은 scalar, 1차원은 벡터, 2차원은 행렬, 3차원은 3차원 행렬(텐서)라고 부른다. 4차원 텐서의 경우 4차원 벡터처럼 수식으로만 표현되며, 보통 3차원 텐서(또는 이미지)가 여러 개 모여 있다는 의미가 된다.

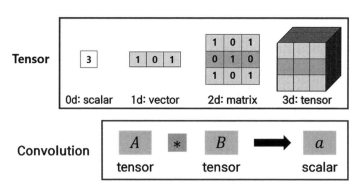

[그림 6-4] 텐서(tensor)와 합성곱

합성곱(Convolution)은 차원과 크기가 같은 두 텐서를 계산해 scalar 값이 되는 연산이다. 0차원인 경우 단순한 실수의 곱셈이 되며, 1차원인 경우 두 벡터의 내적과 같고, 2차원인 경우 행렬의 내적(행렬을 벡터처럼 내적한 것), 3차원인 경우 텐서의 내적으로 볼 수 있다. 여기서 내적이라는 의미는 두 대상을 연산한 결과가 Scalar 값이 되는 것을 말한다. 1차원 텐서인 벡터의 경우 합성곱은 같은 위치에 있는 성분들을 각각 곱하고 곱해진 값을 모두 더하면 된다. 이 경우가 일반적인 내적(dot product)과 동일하다. 2차원 텐서인 행렬의 경우는 두 행렬에서 같은 위치에 있는 성분들끼리 곱해 전체를 더하는 연산 과정이다. 3차원인 경우도 마찬가지로 두 텐서의 같은 위치에 있는 성분들을 곱한 후 값을 모두 더하면 된다. 이를 그림으로 살펴보면 다음과 같다.

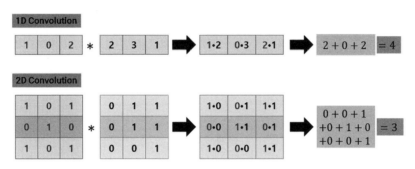

[그림 6-5] 합성곱 계산

(b) Filter

CNN 모델에서 합성곱 연산 과정은 입력 이미지에 특정한 사이즈의 텐서를 사용해 전체 이미지의 일부를 스캔하듯이 이동하면서 연산을 한다. 이때 스캔하는 텐서를 필터(filter)라 하며 보통 3×3크기의 필터를 많이 사용한다. 필터의 두께는 자동으로 입력 데이터(텐서)의 두께로 설정된다. 입력 데이터가 컬러 이미지인 경우 그 두께는 3차원(예: 32×32×3)이고 필터의 두께도 자동적으로 3이 된다. 만약 입력 텐서가 28×28×6이면 필터의 두께는 6이 된다.

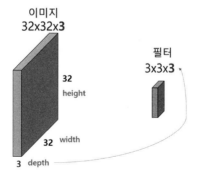

[그림 6-6] CNN filter

(c) feature map

입력 데이터에 필터로 스캔한 결과로 만들어지는 출력 텐서를 feature map(특성 맵)이라 한다. 보통 하나의 합성곱 층에서 여러 개의 필터가 사용되며, 그 결과로 필터 수만큼의 특성 맵이 만들어진다. 합성곱 연산 후에 활성화 함수를 적용하는데 이것은 특성 맵이 만들어진 후에 작용한다. 특성 맵에 활성화 함수를 작용시켜 만들어진 결과를 activation map이라고도 하는데, 두 용어를 별다른 구분 없이 혼용해서 사용하는 경우가 많다.

CNN의 다음 층에서는 계산된 activation map들을 모아 하나의 텐서로 만들어서 새로운 입력으로 사용한다. 예를 들어 activation map의 크기가 28×28이고 작용한 필터의 개수가 5개였다면, 다음 입력 데이터는 28×28×5의 크기가 된다. 여기서 activation map과 특성 맵은 같은 크기이다.

[그림 6–7]을 살펴보면, 입력 이미지가 32×32×3이고 하나의 필터를 통해 28×28×1 크기를 갖는 하나의 특성 맵이 만들어지며, 여기에 activation function(예: ReLU)이 작용해 같은 크기의 activation map이 만들어진다.

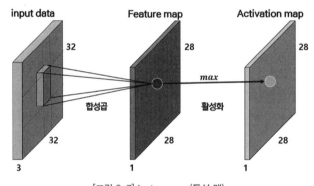

[그림 6–7] feature map(특성 맵)

(d) Stride

CNN 과정에서 합성곱 연산을 할 때 필터가 움직이는 간격을 stride라고 한다. 합성곱이 2차원(3×3)으로 정의되므로 stride도 2차원(m, n)으로 정의된다. 즉 한 번 합성곱 연산을 한 후에 우측으로 m만큼씩 이동해 입력 텐서의 끝까지 이동한 후, 아래로 n만큼씩 움직여서 맨 왼쪽부터 다시 스캔하는 방식이다. 보통 stride는 (1, 1)로 설정하는데, 한 칸씩 움직이면서 합성곱 연산을 한다. 때때로 (2, 2)를 사용하기도 하며, (3, 3)을 사용하는 경우는 거의 없다.

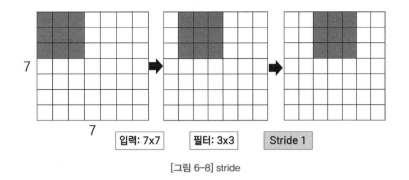

입력: 7x7   필터: 3x3   Stride 1

[그림 6-8] stride

[그림 6-8]에서 보듯이, stride는 좌에서 우로 끝까지 이동한 후 아래로 이동하여 맨 왼쪽에서 다시 시작한다.

(e) padding

입력 데이터에 합성곱 연산을 통해 만들어진 특성 맵은 원래 입력 데이터의 크기보다 작아지게 된다. 만약 입력 이미지의 크기가 작은 경우라면 몇 번의 합성곱을 실행하면 데이터의 크기가 작아져 더 이상 합성곱 층을 추가하는 것이 불가능하다. 그래서 합성곱 계산을 할 때 padding을 덧대어 출력 크기를 입력 데이터의 크기와 같게 만들 수 있다. 이때 합성곱 층에서 인수 설정을 padding=same으로 사용하면 된다.

[그림 6-9]처럼 pad를 덧댐으로써 입력 텐서와 출력 텐서의 크기를 같게 할 수 있다.

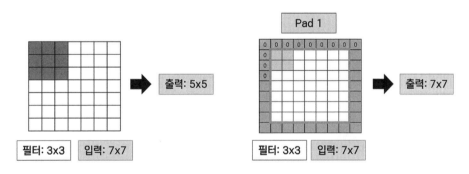

필터: 3x3   입력: 7x7   출력: 5x5

Pad 1

필터: 3x3   입력: 7x7   출력: 7x7

[그림 6-9] padding

(f) 활성화(Activation)

합성곱 연산 후에는 신경망 모델처럼 활성화 함수를 사용해 데이터를 활성화시킨다. 활성화 함수는 주로 ReLU를 사용하며, ReLU를 보완한 활성화 함수를 사용하기도 한다. 기본적인 과정과 계산은 신경망에서와 동일하다.

합성곱 층은 설정하기에 따라 하나만 설정하고 Pooling Layer를 연결하기도 하고, 두세 개를 사용하고 Pooling Layer를 연결하기도 한다. 여러 유명한 Architecture(6.5절 참조)를 참고하면 좋은 모델을 만드는 데 도움이 될 것이다.

4.2 Pooling Layer

합성곱 층을 지나면 Pooling 연산으로 단위별로 모아 특성을 강화시키는 과정을 거치게 된다. Pooling은 말 그대로 모은다는 의미로 단위별로 모아 특성을 뽑아주는 느낌으로 마치 멀리 있는 그림을 가까이 당겨서 보듯이 데이터의 특성을 더 또렷하게 만드는 역할을 한다.

보통의 Pooling은 입력 데이터에서 (2, 2)크기 내에서 평균 또는 최댓값 하나를 출력하는 형식으로 사용하며, 이렇게 하면 데이터의 크기는 가로, 세로가 각각 절반이 되어 전체적으로 4분의 1 크기로 줄어들게 된다. 여기서는 2차원 합성곱과 2차원 Pooling을 사용하기에 2차원 계산을 기준으로 Pooling의 종류를 살펴보자.

(a) MaxPooling2D

입력 데이터에서 정해진 크기(보통 (2, 2))에서 최댓값을 출력하는 Pooling이다. (2, 2)의 크기면 stride= (2, 2)단위로 움직여서 전체 크기가 원래 크기의 4분의 1이 된다. MaxPooling2D 클래스에는 stride 인수가 기본적으로 (2, 2)로 설정되어 있기에 별도로 설정할 필요는 없다.

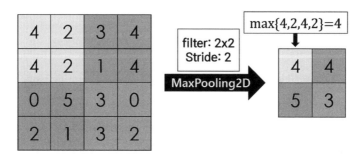

[그림 6-10] MaxPooling2D

처음 2×2 크기의 데이터에서 최댓값을 구하면 4가 된다. 이것을 출력층 (1, 1)에 저장한다. 다음은 가로로 2만큼 이동하고 2×2 크기의 데이터에서 최댓값을 구하면 4가 되며 (1, 2)에 저장한다. 이런 방식으로 모든 데이터에서 2×2 크기의 데이터의 최댓값을 구한다. 만약 입력 데이터 크기가 홀수여서 한 줄이 남거나 더 적은 개수의 데이터가 남게 되면 그 부분은 무시된다.

(b) AveragePooling2D

입력 데이터에서 정해진 크기(보통 (2, 2))에서 평균값을 출력하는 Pooling이다. MaxPooling처럼 (2, 2)의 크기면 stride= (2, 2) 만큼 움직여서 전체 사이즈가 4분의 1이 된다.

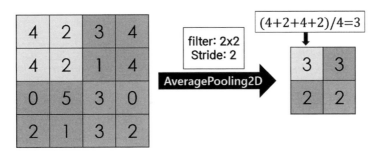

[그림 6-11] AveragePooling2D

(c) GlobalAveragePooling2D

합성곱 연산으로 만들어진 하나의 특성 맵에서 평균값을 출력하는 Pooling이다. 이전의 Pooling 계산보다 데이터의 크기를 더 많이 줄이게 된다. GoogLeNet에서 Fully Connected Layer 직전에 Flatten 대신 사용되었다.

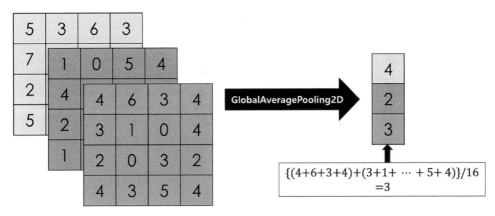

[그림 6-12] GlobalAveragePooling2D

4.3 FC(Fully Connected) Layer

Fully Connected Networks는 신경망의 다른 이름이다. FC Layer는 합성곱 층과 Pooling Layer로 처리된 결과를 Flatten으로 벡터화한 후 최종적으로 딥러닝의 목적에 맞도록 출력 크기를 맞춰주는 과정이다. 이 전까지 처리된 데이터는 텐서로 출력되므로 Flatten을 통해 벡터로 만들어줘야 한다. 그런 다음 최종 출력 크기(class 종류)와 맞도록 적절하게 신경망을 연결해준다. 이 과정은 신경망 모델과 동일한데, CNN 과정으로 전달되어 온 데이터(텐서)를 Flatten으로 벡터화해 다시 신경망 모델로 학습시키는 것과 같다.

여기까지 CNN 모델의 구성 요소를 알아보았다. CNN 모델은 여러 구성 요소들을 조합한 결과이다. 실제 CNN 모델을 설계하는 과정도 이러한 구성 요소를 잘 조합하는 것이다. 유명한 CNN Architecture들은 이미 성능이 검증된 모델들이다. CNN 모델을 만들 때 참조하면 좋은 성능을 보여줄 것이다.

5. CNN Architectures

CNN 모델을 사용해 ILSVRC 이미지 경진대회(ImageNet Large Scale Visual Recognition Challenge)에서 우승한 팀들의 CNN Arichitecture를 살펴보자. 2012년 처음 CNN 모델을 도입했던 AlexNet부터 VGGNet, GoogLeNet, ResNet, SENet의 Arichitecture를 살펴본다.

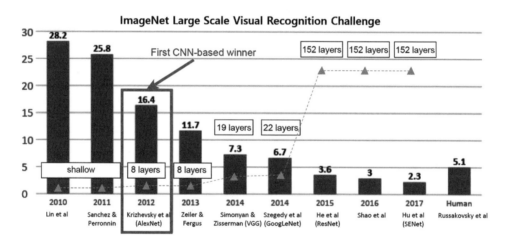

[그림 6–13] ILSVRC 첫 CNN based 우승자

5.1 AlexNet

2012년도에 ILSVRC 대회에서 우승한 AlexNet은 처음으로 여러 층을 적용한 딥러닝 모델이었고, 게다가 CNN 모델을 처음 적용한 Architecture였다. AlexNet은 관련 논문 저자인 Alex의 이름에서 따왔다. 당시 GPU 성능의 한계로 2개의 GPU를 병렬 연산이 가능하도록 병렬적인 구조로 설계했다. 이 Architecture는 기존의 CNN 모델인 LeNet을 개선한 형태로 8개의 층으로 이루어져 있으며, 5개의 CNN Layer와 3개의 FC Layer로 이루어져 있다. 최종 출력은 1,000으로 경진대회 class 개수에 맞춰져 있다. 마지막 층의

활성화 함수는 softmax로 분류 문제에 맞는 활성화 함수를 설정했다. AlexNet은 당시 인식 top-5 오류율[1]
이 20%대였던 것을 16.7%로 획기적으로 낮추었다.

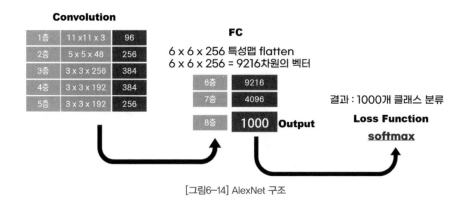

[그림6-14] AlexNet 구조

5.2 VGGNet

2014년도에 준우승한 Architecture로 당시 우승한 GoogLeNet에 비해 구조가 간결하고 사용이 편리해
더 각광을 받았다. VGGNet은 16개의 층으로 이루어진 VGG16과 19개의 층으로 이루어진 VGG19가 있
다. VGG19는 CNN Layer 16개와 FC 층 3개로 구성되어 있으며, 최종 출력은 1000이며, 활성화 함수는
softmax를 사용했다. VGG16은 VGG19에 비해 CNN Layer가 3개 적다.

CNN Layer에서 합성곱 필터 크기는 3×3을 사용했으며, MaxPooling은 2×2 크기로 stride (2, 2)를 사용
했다. 3×3 필터를 사용하는 것은 매우 효율적인 선택이다. 3×3 필터를 두 번 사용하는 것이 5×5 필터
하나를 사용했을 때와 같은 크기의 특성 맵을 만든다. 하지만 3×3 크기의 필터를 두 번 사용하는 것은
가중치가 $(9+1)\cdot2=20$개인 반면 5×5 크기 필터는 $5\cdot5+1=26$개의 가중치를 가지고 있으므로 3×3 크기를
두 번 사용하는 것이 parameter 개수가 적어 계산량을 줄여주므로 더 효율적이다.

---

1 top-5 오류율 : 최종 결과값을 5개로 출력해 5개 중에 정답이 있으면 정답을 맞힌 것으로 계산한 것이다. 즉, 5개 중에도 정답이 없으면
틀린 것으로 계산해 얻은 정확도다.

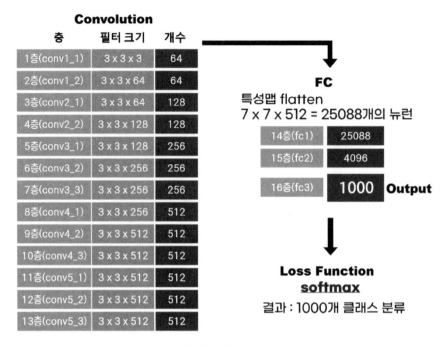

[그림 6–15] VGG16

5.3 GoogLeNet

2014년 경진대회에서 우승한 Architecture로 22개의 층으로 구성되어 있다. GoogLeNet의 가장 큰 특징은 inception 모듈을 기본 단위로 하는 모듈을 연결해 전체 모델을 만든 것이다.

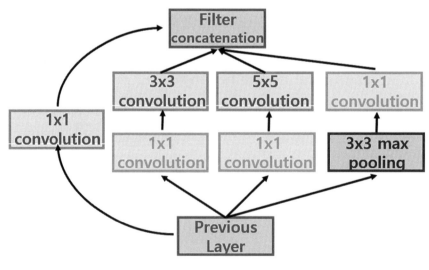

[그림 6–16] Inception 모듈

그 외에도 1×1 합성곱을 사용해 계산량을 줄였으며, GAP(global average pooling)을 사용해 flatten과정을 대체했다. 또한, 층이 깊어지면 발생하기 쉬운 미분 소실 문제를 해결하고자 auxiliary classifier를 사용했다.

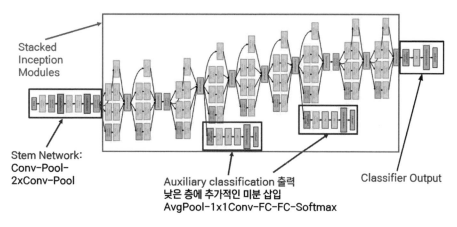

[그림 6-17] GoogLeNet

5.4 ResNet

2015년 경진대회에서 우승한 Architecture로 152개 층의 매우 깊은 구조로 만들어졌으며, 사람의 정확도로 알려진 오류율 5%를 처음으로 추월했다. ResNet은 VGG19를 토대로 CNN층을 추가해 층을 깊게한 후 Residual connection을 만듦으로써 전체 구조를 완성했다. ResNet의 가장 큰 특징은 Residual Block으로, 이는 층이 깊어질수록 발생하기 쉬운 미분 소실을 해결하는 데 효과적이다. ResNet의 이름은 이 Residual에서 따온 것이다.

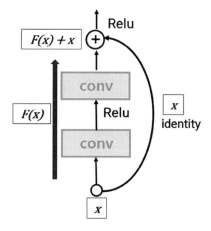

[그림 6-18] Residual Block

5.5 SENet

2017년 경진대회에서 우승한 Architecture로 Squeeze and Excitation Networks의 약자이다. SENet의 특징은 기존 어떤 모델에도 적용될 수 있는 SE Block을 적용한 것으로, 기존의 VGGNet, GoogLeNet, ResNet 등에 SE Block을 추가함으로써 성능 향상을 도모한 것이다. 이 기법은 연산량을 늘리지 않으면서도 성능을 많이 향상시킬 수 있다는 특징이 있다. 보통 성능을 향상시키려면 계산량도 그만큼 증가하게 되는데, SENet의 경우 계산량이 별로 늘지 않으면서도 분류 정확도를 높였는데, 매우 효율적이라 볼 수 있다.

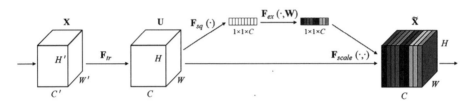

[그림 6-19] SE Block

6. 전이 학습

전이 학습(Transfer Learning)은 이미 학습된 모델을 가져와서 출력 부분만 변경해 새로운 데이터를 학습시키는 방법이다. 기존에 성능이 높은 모델을 처음부터 학습시키려면 많은 데이터와 학습 시간이 필요한데, 전이 학습을 사용하면 적은 데이터를 사용하고도 좋은 성능을 발휘할 수 있으며 학습 시간도 많이 단축시킬 수 있다.

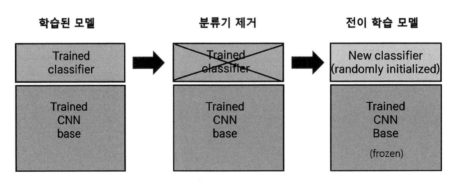

[그림 6-20] Transfer Learning

전이 학습은 크게 특성 추출과 미세 조정의 두 가지 과정으로 이루어진다.

6.1 특성 추출

기존에 학습된 모델의 가중치를 그대로 가져오는 과정이다. 기존 학습된 모델의 가중치를 불러와 사용할 부분을 그대로 고정하고, 학습시킬 부분은 주어진 데이터에 맞게 분리해야 한다. 여기서 고정한 부분을 특성 추출이라 한다. [그림 6-20]에서 분류기를 제거한 것은 이미 학습된 CNN 기반을 특성으로 추출한 것이다.

6.2 미세 조정

원래 모델에서 특성 추출 시 고정한 부분 외에 새로 학습시킬 부분의 가중치와, 새로운 데이터 및 목적에 맞게 FC Layer를 다시 설계해 학습시키는 과정이다. 학습의 큰 틀은 이미 특성 추출 시 고정했기에 적은 수의 가중치만을 학습시킴으로써 충분히 좋은 결과를 얻을 수 있다. [그림 6-20]에서 New Classifier의 가중치만 학습시켜 새로운 데이터가 적용된 모델을 만들 수 있다.

전이 학습의 학습 과정은 적은 데이터로도 좋은 결과를 올릴 수 있다는 장점이 있다. 데이터가 충분히 많으면 미세 조정할 부분을 늘려서 적당히 많은 가중치를 학습시킬 수도 있다. 반면 데이터가 많지 않으면 모델의 마지막 출력층만 조절해 사용할 수도 있다.

이번 장의 마무리

- 이미지 데이터를 직접 불러와서 사용할 때는 ImageDataGenerator 클래스를 사용한다. 이 클래스는 데이터 증강에도 유용한 클래스이다. 데이터를 batch_size별로 불러와서 학습시킬 수 있는 클래스로 데이터를 불러올 때, 디렉토리 구조에서 데이터를 불러오는 flow_from_directory() 함수와 데이터프레임에서 데이터를 불러오는 flow_from_dataframe() 함수가 있다.

- CNN 모델은 크게 Convolution(합성곱) 층, Pooling 층, FC 층으로 이루어져 있다. Convolution 층은 이미지(텐서)와 필터 사이의 합성곱을 계산해 특성 맵을 만든다. Pooling 층은 이미지(텐서)를 끌어당겨 특성을 강화시켜주는 과정으로 주로 (2, 2) 크기를 1의 크기로 변환하며, 계산 방식에 따라 MaxPooling, AveragePooling이 있다. FC 층은 이전 CNN 층(Convolution 층 + Pooling 층)의 출력 텐서를 벡터화해 신경망으로 최종 출력층을 만들어주는 과정이다.

- CNN Architecture는 2012년 등장한 AlexNet에서 출발한다. AlexNet은 8개의 층을 사용한 모델이었고, 그 이후 16, 19개의 층이 있는 VGG16, VGG19 모델과 Inception 모듈로 연결한 GoogLeNet, 152층의 아주 깊은 층으로 구성된 ResNet 등이 등장했다.

- 전이 학습은 이미 학습된 모델을 활용해 모델의 가중치를 고정하는 특성 추출과 필요한 최종 층 또는 FC 층 일부만을 학습시키는 미세 조정으로 학습시키는 방법이다. 기존 CNN Architecture의 모델을 사용하면 적은 데이터로도 좋은 결과를 만들 수 있다.

[1~8] 다음 괄호 안에 들어갈 적당한 용어는 무엇인가요?

1 이미지 데이터를 학습시킬 때, 이미지를 batch_size별로 불러와서 학습을 진행할 수 있는 keras 클래스로 데이터 증강에도 유용한 ( ) 클래스를 사용한다. 이 클래스에는 이미지를 디렉토리 구조에서 불러오는 ( ) 함수와 데이터 프레임에 저장되어 있는 파일 목록에서 불러오는 ( ) 함수가 있다.

2 같은 크기의 텐서 또는 벡터를 연산해 같은 위치의 값을 곱해 모두 더한 실수값을 출력하는 ( ) 연산은 벡터와 벡터 사이에서는 내적과 같은 연산이 된다.

3 CNN 모델은 크게 합성곱 연산으로 이미지를 처리하는 ( )층, 특성을 강조하는 ( )층, 그리고 신경망 모델을 사용해 최종 결과값과 연결하는 ( )층의 3가지 층으로 이루어져 있다.

4 CNN 모델에서 합성곱 층은 입력된 이미지에 적당한 크기의 ( )를 사용해 합성곱을 통해 ( )을 만든다. 사용하는 ( )의 개수에 따라 출력층의 두께가 결정된다.

5 합성곱 층에서 합성곱을 진행할 때 필터가 이동하는 간격을 ( )라 하고 보통 1 또는 2씩 이동한다. 데이터가 합성곱 층을 지나면 크기가 줄어들 수밖에 없는데, 크기를 보존하기 위해 이미지에 덧대어주는 것을 ( )이라고 한다.

6 MaxPooing 층은 보통 입력층을 (2, 2) 크기로 잘라 그 범위에서 ( )을 출력하고, AveragePooling은 ( )을 출력한다.

7 CNN 모델은 2012년 ILSVRC 이미지 경진대회에서 우승한 ( )에서 처음 도입되었으며, 이후 VGG16, GoogleNet, ResNet 등 많은 architecture가 CNN모델을 기반으로 개발되었다.

8 이미 학습된 모델을 활용해 마지막 층 정도만 새로 학습시켜 학습 시간과 비용을 줄이면서 적은 데이터로도 성능을 높일 수 있는 기법이 ( )이다.

[9~14] 다음 질문에 주어진 계산값을 구하세요.

9 다음의 각 경우에 합성곱 A·B를 계산하세요.

(1) $A = [1, 2, -3]$, $B = [-3, 1, 0]$

(2) $A = \begin{bmatrix} 2 & 3 & -2 \\ 1 & 4 & 2 \\ -2 & 1 & -3 \end{bmatrix}$, $B = \begin{bmatrix} 1 & -2 & -4 \\ 1 & 0 & 3 \\ -2 & 1 & 2 \end{bmatrix}$

(3) $A = [i+j-2k]$, $B = [2+i-j+k]$, $1 \leq i, j, k \leq 3$

10 다음의 각 경우에 MaxPooling과 AveragePooling을 각각 계산하세요. (기본 옵션 filter=(2, 2), stride=2)

(1) $\begin{bmatrix} 1 & 2 & 3 \\ 0 & 1 & 2 \end{bmatrix}$

(2) $\begin{bmatrix} 1 & 2 \\ 2 & 3 \\ 0 & -1 \end{bmatrix}$

(3) $\begin{bmatrix} 2 & 1 & -2 \\ 1 & 3 & 4 \\ 2 & 0 & -1 \end{bmatrix}$

11 GlobalAveragePooling을 계산하세요.

(1) $[i+3j-2k]$, $1 \leq i, j, k \leq 3$

(2) $[3i+3j-4k+2]$, $1 \leq i, j, k \leq 5$

12 [필터 매개변수 계산] 입력 데이터가 15×15×3일 때 다음의 각 경우의 필터 크기와 개수를 사용해 합성곱 층을 계산했을 때 매개변수의 개수를 구해보세요.

(1) 3×3 크기 필터를 6개 사용

(2) 5×5 크기 필터를 3개 사용

13 [CNN 출력층 크기 계산] 36×36×3 크기의 이미지를 CNN Layer에 입력했을 경우

(1) 8개의 필터를 가지는 3×3 합성곱 층을 통과했을 때의 데이터 크기를 계산해보세요.

(2) (1)을 거쳐 MaxPooling2D 층을 통과했을 때의 데이터 크기를 계산해보세요.

14 27×27×3 크기의 이미지를 합성곱 층으로 계산할 때, 필터 크기가 다음과 같을 경우 출력층의 크기(필터는 하나 사용)와 원래의 크기를 유지할 수 있도록 하는 padding의 크기를 계산해보세요.

(1) 3×3, stride=1

(2) 5×5, stride=1

실습 예제 1_ CNN Layer 구현

CNN Layer는 합성곱 층과 MaxPooling 층으로 구성되어 있고, 층 사이에 ReLU 활성화 함수가 들어간다. 각각의 구성 요소를 함수로 구현하고 입력된 이미지의 결과를 출력하는 함수도 구현해 전체를 하나의 함수로 만들어본다.

이 과정을 통해 CNN 모델이 어떤 방식으로 이미지를 처리하는지 살펴볼 수 있을 것이다.

합성곱 함수 구현

```
def conv(a, b):
    c = np.array(a)*np.array(b)
    return np.sum(c)
```

MaxPooling 함수 구현(한 개의 map 계산)

```
def MaxPooling(nimg): # 2d input
    nimg = np.array(nimg)
    i0,j0 = nimg.shape # i0 = nimg.shape[0], j0 = nimg.shape[1]
    i1 = int((i0+1)/2)
    j1 = int((j0+1)/2)
    output = np.zeros((i1,j1))

    if i0%2 ==1:
        i0+=1
        tmp = np.zeros((1, j0))
        nimg = np.concatenate([nimg, tmp], axis = 0)

    if j0%2 ==1:
        j0+=1
        tmp = np.zeros((i0, 1))
        nimg = np.concatenate([nimg, tmp], axis = 1)

    for i in range(output.shape[0]):
        for j in range(output.shape[1]):
```

```
        a = np.array(nimg[2*i:2*i+2,2*j:2*j+2])
        output[i,j] = a.max()
    return output
```

합성곱 출력 층(feature map) 함수 구현(한 개의 filter 계산)

```
def featuring(nimg,filters): # 2d
    feature = np.zeros((nimg.shape[0]-2, nimg.shape[1]-2))
    for i in range(feature.shape[0]):
        for j in range(feature.shape[1]):
            a = nimg[i:i+3, j:j+3, ]
            feature[i,j] = conv(a, filters)
    return output
```

MaxPooling 출력 층 함수 구현(여러 map 계산)

```
def Pooling(nimg):
    nimg = np.array(nimg)
    pool0 = []
    for i in range(len(nimg)):
        pool0.append(MaxPooling(nimg[i]))
    return pool0
```

배열을 그림으로 변환

```
def to_img(nimg):
    nimg = np.array(nimg)
    nimg = np.uint8(np.round(nimg))
    fimg = []
    for i in range(len(nimg)):
        fimg.append(Image.fromarray(nimg[i]))
    return fimg
```

feature map 생성(여러 filter 계산)

```
def ConvD(nimg):
    nimg = np.array(nimg)
    feat0 = []
    for i in range(len(filter)):
        feat0.append(featuring(nimg, filter[i]))
    return feat0
```

ReLU 활성화 함수

```
def ReLU(f0):
    f0 = np.array(f0)
    f0 = (f0>0)*f0
    return f0
```

CNN Layer 함수 : Conv+ReLU+MaxPooling

```
def ConvMax(nimg):
    nimg = np.array(nimg)
    f0 = ConvD(nimg)
    f0 = ReLU(f0)
    fg = Pooling(f0)
    return f0, fg
```

그림 그리기 : 합성곱 후의 상태와 MaxPooling 후의 상태를 그림으로 그리기

```
def draw(f0, fg0, size = (12, 8), k = -1):   # size와 k는 기본값 설정
    plt.figure(figsize = size)

    for i in range(len(f0)):
        plt.subplot(2, len(f0), i+1)
        plt.gca().set_title('Conv'+str(k)+'-'+str(i))
        plt.imshow(f0[i])
```

```
        for i in range(len(fg0)):
            plt.subplot(2, len(fg0), len(f0)+i+1)
            plt.gca().set_title('MaxP'+str(k)+'-'+str(i))
            plt.imshow(fg0[i])


        if k!=-1:    # k=-1이 아니면 그림을 저장
            plt.savefig('conv'+str(k)+'.png')
```

3개의 activation map 합치기 : MaxPooling 후의 결과 map들을 하나의 데이터로 통합

```
def join(mm):
    mm = np.array(mm)
    m1 = np.zeros((mm.shape[1], mm.shape[2], mm.shape[0]))
    for i in range(mm.shape[1]):
        for j in range(mm.shape[2]):
            for k in range(mm.shape[0]):
                m1[i][j][k] = mm[k][i][j]


    return m1
```

CNN Layer 과정을 계산하고 결과를 그림으로 출력

```
def ConvDraw(p0, size = (12, 8), k = -1):
    f0, fg0 = ConvMax(p0)
    f0 = to_img(f0)
    fg1 = to_img(fg0)
    draw(f0, fg1, size, k)
    p1 = join(fg0)
    return p1

m0 = ConvDraw(nimg31, (12, 10), 0)
```

실습 예제 2_
CNN 모델: CIFAR10 이미지 분류 with ImageDataGenerator

ImageDataGenerator 클래스는 이미지 데이터를 batch_size별로 로딩해 학습을 진행할 때 사용한다. 여기서는 ImageDataGenerator 클래스에 정의되어 있는 flow_from_directory() 함수와 flow_from_dataframe() 함수의 사용법을 알아보겠다.

```
from tensorflow.keras.preprocessing.image import ImageDataGenerator
datagen = ImageDataGenerator(rescale = 1./255))
```

flow_from_directory(directory, batch_size, target_size, class_mode)

- directory : 데이터의 경로, 데이터는 class마다 다른 폴더로 정리되어 있어야 한다.
- batch_size : 학습을 진행할 때 사용하는 데이터 개수의 단위
- target_size : 불러들인 이미지를 출력할 형태로 출력 형태를 동일하게 설정해준다.
- class_mode : 데이터 레이블의 형태로, binary(이진 분류), categorical(범주형), sparse(스칼라 범주형), input(출력이 입력과 동일) 등으로 설정한다.
- shuffle=False : 데이터를 섞지 않고 출력. 평가용 데이터에 사용

```
train = datagen.flow_from_directory(train_dir, batch_size = 32,
                      target_size = (32, 32), class_mode = 'categorical')
```

flow_from_dataframe(df, directory, x_col, y_col, batch_size, target_size, class_mode)

- df : 데이터 경로와 레이블이 기록된 dataframe 파일명
- directory : 데이터가 있는 경로
- x_col : df 에서 입력 데이터의 파일명에 해당하는 column의 이름 또는 번호
- y_col : df에서 레이블에 해당하는 column의 이름 또는 번호

```
train_data = datagen.flow_from_dataframe(train, directory = train_dir, x_
col = train.columns[0], y_col = train.columns[1], target_size = (256, 256),
class_mode = "categorical", batch_size = 32)
```

CNN 모델 설정

Conv2D(n,kernel_size,stride=(1, 1),activation=None)

- n: filter 개수
- kerel_size: filter의 크기. 예 (3, 3),(5, 5)
- stride: filter의 이동 간격. 기본 (1, 1)
- activation: 활성화 함수 설정

```
Conv2D(8, (3, 3), activation = 'relu', input_shape = (32, 32, 3, ))
```

첫 번째 층일 경우 input_shape 설정을 하는데, 입력 형태는 4차원 텐서로 이미지의 형태가 (32, 32, 3)일 때 input_shape=(32, 32, 3) 로 입력하며 끝의 comma(,)는 4차원 텐서라는 의미로 (32, 32, 3) 형태의 데이터가 여러 개 있다는 의미이다.
첫 번째 층이 아닐 경우는 아래와 같은 간결한 형태가 된다.

```
Conv2D(8,(3,3),activation ='relu')
```

MaxPooling2D(pool_size=(2, 2), stride=None)

- pool_size: pooling할 영역 크기이다. 기본값은 (2,2)이다.
- stride: pooling 영역의 이동 간격이다. 기본값은 pool_size와 동일하다.

```
MaxPooling2D()  # 기본값이 (2,2)이므로 별도의 인수를 정할 필요가 없다.
```

Flatten()

텐서를 벡터로 변환해주는 클래스이다. 인수 설정 없이 사용하면 된다.

[실습예제 Code]

CIFAR10 이미지 분류

1 기본 라이브러리 불러오기

```
import numpy as np
import pandas as pd
import os
```

2 데이터 처리

2-1 데이터 확인: 데이터 이미지 그려보기

```
from PIL import Image
import matplotlib.pyplot as plt
img = Image.open('/kaggle/input/cifar10/cifar10/train/horse/46129_horse.
png')
plt.imshow(img)


np_img = np.array(img) # 이미지를 numpy 데이터로 변환해 크기 알아보기
np_img.shape
```

2-2 기본 경로와 변수 설정

```
# 학습용 데이터와 평가용 데이터의 경로 지정
train_dir = '/kaggle/input/cifar10/cifar10/train/'
test_dir = '/kaggle/input/cifar10/cifar10/test/'
os.listdir(train_dir) # 학습용 데이터 경로의 파일 또는 폴더 확인


bs = 16 #batch_size 설정
input_sh = (32, 32, 3) # 데이터 형태 설정
```

2-3 데이터 불러오기

```
# ImageDataGenerator 호출
from tensorflow.keras.preprocessing.image import ImageDataGenerator
datagen = ImageDataGenerator(rescale = 1./255)
```

```
# datagen 정의. 데이터 값의 크기를 255로 나눔으로써 데이터 전처리 실행


train = datagen.flow_from_directory(train_dir,
     batch_size = bs,
     target_size = (32, 32),
     class_mode = 'categorical')
# train 정의: flow_from_directory 로 학습용 데이터를 batch_size 단위로 로딩


     test = datagen.flow_from_directory(test_dir,
     batch_size = bs,
     target_size = (32, 32),
     class_mode = 'categorical',
     shuffle = False)
# test 정의: flow_from_directory 로 평가용 데이터를 batch_size 단위로 로딩
```

2 – 4 DataGen 확인

```
x, y = train.next()
x.shape


# 로딩한 이미지 그리기
for i in range(0,bs):
    plt.imshow((x[i]*255).astype('int'))  # datagen에서 255를 나누었으므로 다시 곱
    해서 정수화
    plt.show()
    print(x[i].shape, y[i])
    break
```

3   CNN Model 설정

3 – 1 CNN 라이브러리 호출

```
from tensorflow.keras.models import Sequential
from tensorflow.keras.layers import Conv2D, MaxPooling2D, Dense,
Flatten, Dropout
```

3 – 2 모델 설정

```
model = Sequential()
model.add(Conv2D(8, (3, 3), activation = 'relu', input_shape = input_sh))
model.add(MaxPooling2D())
model.add(Conv2D(8, (3, 3), activation = 'relu'))
model.add(MaxPooling2D())
model.add(Conv2D(16, (3, 3), activation = 'relu'))
model.add(MaxPooling2D())
model.add(Flatten())
model.add(Dropout(0.5))
model.add(Dense(32, activation = 'relu'))
model.add(Dense(10, activation = 'softmax'))
model.summary()
```

4 모델 학습

4 – 1 모델 compile : loss, optimizer, metrics 설정

```
model.compile(loss = 'categorical_crossentropy',
optimizer = 'RMSProp', metrics = 'acc')
```

4 – 2 모델 학습 : data generator로 데이터를 불러오기 때문에 레이블 지정이 따로 없다.

```
hist = model.fit(train, epochs = 5)
```

5 결과 평가

```
model.evaluate(test)
```

심화 문제_ CNN 모델: Dogs vs cats 분류

데이터셋: train: 25000개 사진(개, 고양이)

   test: 12500개 사진(개, 고양이)

레이블: dog 1, cat 0

https://www.kaggle.com/c/dogs-vs-cats-redux-kernels-edition

참고:

!unzip [file] -d [destination]

   linux 명령어 사용하기 : 명령어 앞에 !를 붙여서 사용

ImageDataGenerator() 클래스 사용

flow_from_dataframe()

   파일명의 첫 문자열이 레이블이므로 첫 문자열만 분리해 dataframe으로 만들어 사용

flow_from_directory()

   레이블별로 별도의 디렉토리를 만들어 파일을 이동시킨 후 사용 가능

memo

PART 7

자연어 처리

학습 목표

- 사람의 언어는 컴퓨터가 어떻게 인식할 수 있을까?
- 컴퓨터가 어떻게 사람의 언어를 학습할 수 있을까?
- 언어를 벡터로 만들어주는 word embedding은 어떻게 작동하는가?
- Sequence 데이터를 다루는 모델에는 어떤 것들이 있는가?
- RNN, LSTM, GRU 모델은 어떤 것이며 어떤 관계가 있는가?

7 자연어 처리

이 장에서는 자연어 처리에 필요한 과정과 학습 모델에 대해 소개한다.
언어는 이미지나 다른 데이터와 달리 숫자화되어 있지 않은 데이터다. 따라서 먼저 언어를 숫자화시키는
word embedding 과정에 대해 알아본다.
언어와 같이 순차적인 데이터를 학습하는 RNN 모델, RNN 모델을 개선한 LSTM 모델, GRU 모델을 살펴
본다.
언어를 학습하기 위한 seq2seq 모델에 대해 알아보고, attention mechanism과 transformer 기법에
대해 간단히 살펴본다.

1. 자연어 처리 과정

언어를 학습시키기 위해서는 컴퓨터가 인식할 수 있도록 먼저 언어를 숫자로 표현해야 한다. 이 과정을
Word Embedding이라 한다. Word Embedding 기법에는 CBOW와 skip-gram 등이 있다.

자연어나, 시계열 등 순서가 있는 데이터를 sequence 데이터라 하며, sequence 데이터를 학습시킬 때
사용되는 모델이 RNN(Recurrent Neural Networks) 모델이다. RNN 모델의 단점을 개선한 모델로는
LSTM, GRU 모델 등이 있다. 자연어 처리 과정은 기본적으로 seq2seq 모델을 따른다. seq2seq 모델은 입
력 부분인 Encoding 부분과 출력 부분인 Decoding 부분으로 이루어져 있으며, 두 부분을 연결해주는 것
이 context 벡터다. Encoding 부분과 Decoding 부분에 사용되는 기본 모델은 RNN, LSTM 등이 있으며,
이후 Attention Mechanism을 적용함으로써 좋은 성능을 보이고 있다.

이번 장에서는 언어, 시계열 등의 순서가 있는 데이터(sequence)를 처리하고 학습시키는 방법을 배운다.
모든 데이터가 그렇듯 우선은 데이터를 숫자로 표현할 수 있어야 컴퓨터로 계산이 가능해진다. 그림이나
사진은 컴퓨터로 저장되면서 이미 숫자로 변환되지만, 언어를 숫자로 된 벡터로 나타내는 것은 막연한
일이다. 이런 문제를 해결한 것이 언어를 숫자 벡터로 표현하는 Word Embedding 기법이며 CBOW, skip-
gram, GloVe 등의 기법들이 개발되었다.

Sequence 데이터를 학습시키는 대표적인 모델은 RNN이 있고, 이후 이를 개선한 LSTM 모델이 등장했으
며, 더 빠르고 단순화된 GRU 모델도 있다. 이러한 모델들에 대해 알아보겠다. 자연어 처리를 위한 학습
모델은 기본적으로 seq2seq 모델로, 입력 데이터와 출력 데이터가 자연어인 모델이다. 이러한 seq2seq 모

델에 대해 알아보자. 나중에 attention mechanism이 등장하여 RNN 기법을 더 향상시켰다.

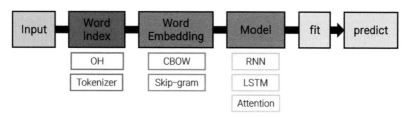

[그림 7-1] 자연어 학습과정

자연어 학습과정은 먼저 언어를 벡터로 만들어야 한다. 우선 word index로 단어에 index를 붙인다. 이렇게 함으로써 단어를 one-hot encoding을 통해 one-hot 벡터로 만들 수 있다. 그다음은 이러한 one-hot 벡터를 단어의 의미와 맥락을 반영해 Word Embedding으로 복잡한 형태지만 훨씬 짧은 벡터로 표현한다. 이후 자연어 처리에 적합한 모델을 사용해 학습을 진행한다.

2. 단어를 벡터로 Word Embedding

데이터를 계산하기 위해서는 데이터가 숫자화(digitized)되어 있어야 한다. 앞에서 다룬 이미지의 경우는 컴퓨터로 저장하면서 자연스레 숫자 데이터로 변환된다. 보통의 이미지는 0~255 사이의 숫자 데이터로 저장된다. 언어의 경우 말 자체를 어떤 방식으로 숫자로 표현할지 난감한 부분이다.

단어를 벡터로 나타내는 가장 간단한 방법은 단어 하나에 벡터 하나를 매핑시키는 것이다. 이때 사용하는 벡터가 복잡하면 단어 사이의 계산이 복잡해지므로 one-hot 벡터를 사용한다. 이 경우 단어가 만 개이면 이 벡터의 차원도 만 차원이 된다. 단어 수가 더 많아지면 더 큰 차원이 필요하기에 비효율적인 방법이기도 하다. 또한 one-hot 벡터는 단어를 단순히 벡터로 매핑시키므로 단어와 단어 사이의 상관관계는 전혀 반영되지 않는다. [그림 7 - 2]에서 보듯이 단어에 index를 붙여 순서를 정하면 바로 one-hot 벡터에 매핑할 수 있다.

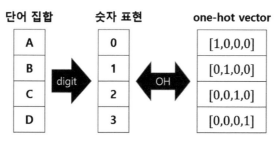

[그림 7-2] one-hot 벡터 embedding

이렇게 one-hot 벡터로 만드는 것이 가장 간단한 word 벡터가 된다. 단어의 상관관계를 나타내면서 단어를 벡터로 표현한 것이 Word Embedding이다. 이는 자연어 처리를 위한 딥러닝 학습 기술을 발전시키게 된 큰 원동력으로 볼 수 있다.

2.1 Word Embedding

단어를 one-hot 벡터로 나타내는 것은 매우 간단한 일이다. 단어에 번호만 매기면 되는 일이다. 번호를 매길 때는 우선 단어를 나열해야 하는데, 사용 순서대로 나열하는 방법도 있고, 가장 많이 사용한 순서대로 나열하는 방법도 있다. 순서가 정해지면 바로 one-hot 벡터로 변환이 가능하다. one-hot 벡터는 단지 번호를 매긴 것뿐이므로 단어의 의미나 단어 사이의 상관관계는 전혀 나타낼 수가 없다.

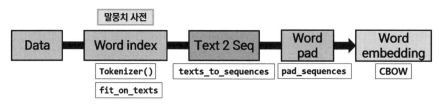

[그림 7-3] Word Embedding 과정

구체적인 과정을 짚어보자. 우선 단어를 나열해 word index를 만든다. 이 과정은 Tokenizer()를 사용한다. 이후 texts_to_sequences()를 사용해 word index로 만든 벡터를 이용해 문장을 벡터로 만든다. 그럼 문장이 단어들의 조합에서 벡터들의 조합으로 바뀐다. Word pad는 입력 데이터의 크기를 일괄적으로 맞춰준다. 이후에 Word Embedding 과정을 거쳐 맥락이 있는 벡터로 바꿔준다. 이 과정이 Word Embedding 과정이다.

Word Embedding은 단어와 단어 사이의 상관관계를 나타내려는 것이다. 단어와 단어 사이의 상관관계를 벡터로 표현하기 위해서는 단어 사이의 상관관계를 정의할 수 있는 무언가가 있어야 한다. 이는 언어학 영역이지만, 한 문장에서 같이 사용되는 단어들 사이에 상관성이 있다는 것을 가정하면 언어학을 배우지 않아도 비교적 쉽게 상관관계를 정의할 수 있다. 단어를 one-hot 벡터로 표현한 후 상관관계를 정의한 대로 다시 이 벡터를 학습시키면 단어들의 상관관계까지 포함하는 embedding 벡터가 만들어진다.

	one-hot 벡터	Embedding 벡터
차원	고차원(단어 집합의 크기)	저차원(128, 256 등)
표현 방식	희소 벡터	밀집 벡터
표현 방법	수동	훈련 데이터로부터 학습
값의 형식	하나의 값만 1, 나머지는 0	실수

[표 7-1] one-hot 벡터와 embedding 벡터

embedding 벡터는 실수를 사용하며, 0과 1만 사용하는 one-hot 벡터에 비해 훨씬 적은 차원으로 단어 표현이 가능하다. 또한 embedding 벡터는 단어들의 상관관계도 같이 학습된다. 이런 상관관계는 단어들 사이의 의미와 구조를 표현한 것으로 예를 들어 신랑과 신부를 나타내는 벡터의 차이와 왕과 여왕을 나타내는 벡터의 차이가 비슷하게 나타난다. 또한 각 나라와 그 나라의 수도와의 차이도 비슷하게 나타난다. 즉 이것은 embedding 벡터에 성별과 나라와 수도의 관계에 관한 의미가 포함되어 있다는 뜻이다.

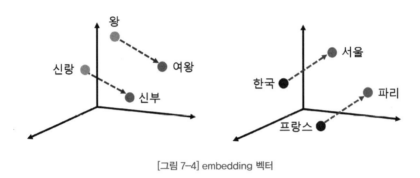

[그림 7-4] embedding 벡터

이러한 Word Embedding 기법에는 여러 종류가 있지만, 여기서는 가장 기본적인 CBOW 기법과 skip-gram 기법을 알아보도록 하겠다.

2.2 CBOW 모델: Continuous Bag of Words

단어들 사이의 상관관계는 어떻게 알 수 있을까? CBOW에서는 한 문장에 같이 등장하는 단어라면 상관관계가 있다는 것에서 출발한다. 한 문장에 있는 단어들끼리는 상관관계가 있다는 전제하에 한 문장에 있는 단어를 차례대로 중심 단어로 설정하고 주변 단어를 연결하는 방식으로 학습한다. 중심 단어에서 좌우의 주변 단어를 몇 개를 연계시킬지를 나타내는 것이 window이다. window가 1이면 좌우 한 단어씩, 총 두 단어를 연계시키며, window가 2이면 좌우 두 단어씩, 총 네 단어를 연계시키는 방법이다.

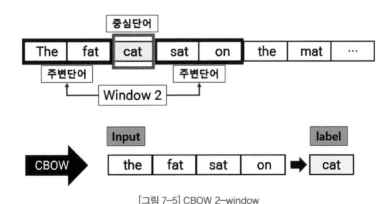

[그림 7-5] CBOW 2-window

입력은 주변 단어들이고 출력은 중심 단어다. [그림 7 – 5]의 예는 window가 2인 경우이며, the, fat, sat, on이 주변 단어이며 cat이 중심 단어다. 이렇게 입력과 출력이 정해지면 손실은 cross-entropy loss를 사용하는 선형 모델로 학습시킨다.

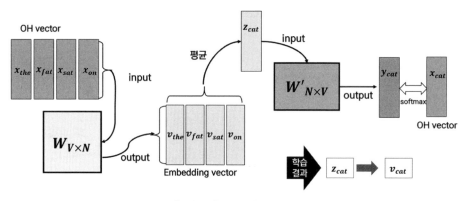

[그림 7–6] CBOW 학습 모델

학습과정은 우선 4개의 주변 단어를 one-hot 벡터로 입력받고, 이를 가중치 행렬(W)에 곱해 결과들의 평균값을 중심 단어인 cat의 잠정적인 Embedding 벡터로 추정한다. 이 추정 벡터를 다시 행렬(W')에 곱해 다시 one-hot 벡터 형태로 만들어 중심 단어 cat의 one-hot 벡터와 비교해 손실을 계산한다.

이런 식으로 여러 문장의 여러 단어로 학습을 시키면 가중치 행렬인 W와 W'이 학습된다. 학습된 가중치의 벡터들이 결국 Embedding 벡터가 된다. 잠정적인 Embedding 벡터를 학습시켜서 결과적으로 학습된 Embedding 벡터를 만든다.

참고로 [그림 7 – 6]과 [그림 7 – 8]에서 one-hot 벡터는 x로, Embedding 벡터는 v로 나타냈고, y는 one-hot 벡터와 같은 형태와 크기를 갖는 벡터다.

2.3 Skip-Gram 모델

Skip-Gram은 CBOW와 입출력이 반대로 작동하는 모델이다. CBOW는 주변 단어에서 중심 단어를 예측하는 모델인 반면, skip-gram은 중심 단어에서 주변 단어를 예측하는 모델이다. [그림 7 – 7]에서 보듯이 중심 단어 cat이 입력 단어고, 주변 단어인 the, fat, sat, on이 출력 단어다.

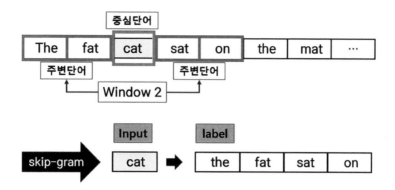

[그림 7-7] skip-gram 2 windows

학습 모델은 CBOW에서 입력과 출력이 반전되면서 손실 계산이 많이 달라진다. 입력은 하나의 one-hot 벡터이고, 가중치 행렬(W)을 곱하면 하나의 잠정 Embedding 벡터를 얻게 된다. 이 벡터를 다시 가중치 행렬(W')에 곱하면 최종적으로 one-hot 벡터 크기의 벡터를 얻게 되고, 이 벡터와 주변 단어들의 one-hot 벡터들 사이에 cross entropy loss를 계산해 그 평균값을 손실로 계산한다.

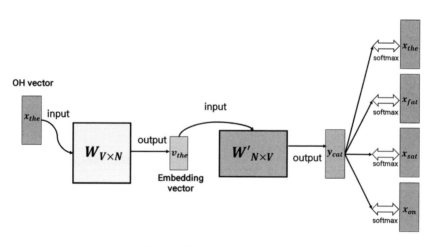

[그림 7-8] skip-gram 학습 모델

학습된 가중치 행렬(W)의 벡터들이 결국 Embedding 벡터가 된다.

CBOW와 skip-gram 모델의 학습과정은 이전의 학습 모델과는 조금 다른데, 결과값이 아닌 가중치 행렬이 결국 모델의 최종 목적인 Embedding 벡터가 된다. 이러한 Word Embedding 기법으로 단어들 사이의 상관관계까지 표현된 Embedding 벡터를 얻을 수 있게 됨으로써 자연어 학습 모델에 상당한 기여를 하고 있다.[2]

2　참고 논문: Tomas Mikolov and Kai Chen and Greg Corrado and Jeffrey Dean, Efficient Estimation of Word Representations in 벡터 Space, 2013, arXiv:1301.3781

3. Sequence를 다루는 모델

이 절에서는 순서가 있는 데이터인 sequence 데이터를 다루는 딥러닝 모델들에 대해 살펴본다. 우선 순서가 있는 데이터는 시계열 데이터, 자연어 데이터 등 수학에서 수열이라 부를 수 있는 데이터로 sequence 데이터라고 한다. 이전에 다루었던 이미지나 정형화된 데이터들은 특정한 순서 없이 학습이 가능한 데이터들이었다. 하지만, sequence 데이터는 순서가 명확히 존재하기에 순서대로 학습시켜야 한다.

3.1 Sequence 데이터

sequence 데이터는 순서가 있는 데이터이고, 이것을 순서대로 나열한 것이 수열(sequence)이다. 이들 sequence 데이터는 순서에 따라 데이터들 간에 일정한 규칙이 있으며, 이러한 규칙을 나타낸 것을 점화식(recurrence relation)이라 한다.

sequence 데이터 $a_1, a_2, \cdots, a_n$을 간단히 $\{a_k\}_{k=1}^n$로 표기한다. 이들 sequence 간의 점화식은 수열의 n번째 항의 값이 그 이전 항들로 표현되는 것으로 수식으로는 $a_n=f(a_{n-1}, a_{n-2})$ 형태로 나타낸다. 이 식의 의미는 sequence a_n은 이전의 두 항 a_{n-1}, a_{n-2}의 함수(관계식)로 나타난다는 것이다. 간단히 예를 들어 $a_n=a_{n-1}+a_{n-2}$와 같이 n번째 항의 값은 이전 두 항의 합으로 나타난다는 의미이다. 달리 말하면, 처음 두 항의 값을 $a_1=1$, $a_2=1$로 주면 이 sequence의 모든 항들이 차례로 계산된다. 이처럼 sequence 데이터에 주어진 관계식인 점화식은 초기값이 설정되면 수열의 모든 항을 순차적으로 계산할 수 있다. 실제 sequence 데이터에서는 데이터들 간의 상관관계가 이렇게 정확하게 계산되진 않지만, 이러한 관계식을 찾는 것이 주된 문제가 되기도 한다.

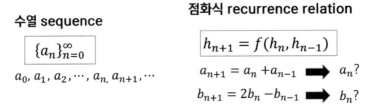

[그림 7-9] sequence 데이터와 점화식

3.2 RNN 모델: Recurrent Neural Networks

RNN에서 R은 Recurrent이며 점화식이란 의미다. 이 모델은 sequence 데이터를 점화식처럼 서로 연결해 정의되는 모델이다. 입력받은 sequence 데이터를 점화식으로 연결해 학습시키는 모델로, 신경망 모델을 기본으로 하여 만들어진다.

(a) RNN 개요

순서가 있는 sequence 데이터를 다룰 때 기본적으로 사용되는 모델로, 모델의 형식은 신경망과 유사하며 차이점은 sequence 데이터를 처리하면서 순차적인 데이터를 점화식을 사용해 처리하는 것이다.

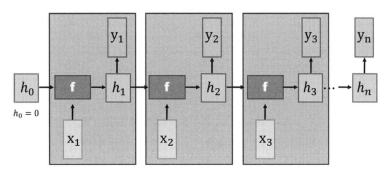

[그림 7-10] RNN 구성

각 단계에서 이루어지는 계산 과정은 [그림 7-10]에 도식으로 그려져 있다. 계산 과정을 구체적으로 살펴보자. 우선 sequence 데이터에서 그 단계에 해당하는 데이터 x_t를 입력받고 이전 단계에서 계산해서 넘겨준 hidden 벡터 h_{t-1}를 입력받아 선형 모델로 처리한다(맨 앞 단계에서의 hidden 벡터는 보통 $h_0=0$으로 초기화한다). 그런 다음 tanh 함수로 활성화해 다음 단계의 hidden 벡터 h_t를 출력한다. 활성화 과정까지 f에 포함되어 있다. 만약 출력 벡터가 있는 모델이라면 hidden 벡터 h_t에 다시 선형 모델을 적용해 출력 벡터 y_t를 출력한다. 각 단계의 선형 모델에 사용된 행렬을 모아 하나의 큰 행렬 W로 간단히 나타낼 수 있으며, 그 경우 RNN 모델은 [그림 7-11]의 형태로 하나의 선형 모델로 표현된다.

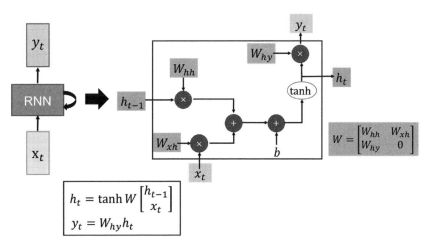

[그림 7-11] RNN 모델 도식

보통의 신경망은 단순한 one-to-one 모델인 반면 RNN 모델은 다양한 형태의 입출력이 가능하다. 이미지에 자막을 다는 captioning은 one-to-many 형식이고, 감정 분석에 사용하는 모델은 many-to-one 형식이며,

자연어 처리(기계 번역)에 사용되는 seq2seq 모델과 동영상 처리 기법은 many-to-many 형식이 되는 등 다양한 입출력 형태가 가능하다.

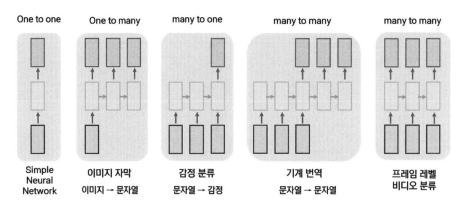

[그림 7–12] 다양한 RNN 형태

(b) RNN 모델 학습

RNN 모델의 학습은 sequence 데이터를 차례로 하나씩 입력받으면서 그 출력으로 hidden 벡터를 만들어서 다음 단계로 넘겨준다. 이 과정에서 사용되는 가중치 행렬은 모든 단계에서 같은 행렬을 사용해 학습시키고, 신경망을 거쳐 최종 출력 크기에 맞춰 출력하며, 손실은 다중 분류에 사용하는 cross entropy loss를 사용한다.

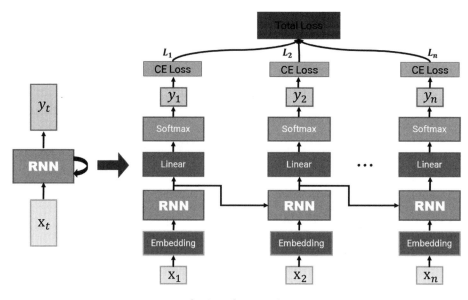

[그림 7–13] RNN 모델

(c) RNN 모델 활용

RNN 모델은 sequence 데이터를 처리하는 데 사용하는 학습 모델로 자연어 처리를 사용하는 여러 분야에 활용할 수 있다. 여기서는 이미지에 자막을 다는 captioning과 기계 번역의 경우를 살펴보도록 하겠다.

- 이미지 자막: CNN + RNN

  이미지 데이터를 분석해 얻은 context 벡터를 RNN 모델에 입력해 자막을 학습시킬 수 있다. 이렇게 학습된 모델로 새로운 이미지에 자막을 다는 것이 가능하다.

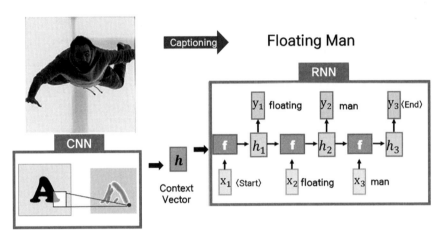

[그림 7-14] 이미지 자막 그림 출처(pixabay)

- 기계 번역(seq2seq 모델): RNN + RNN

  한국어를 영어로 번역할 때, 입력은 한국어이며 출력은 영어로 학습시킨다. 예를 들어 '나는 너를 사랑해'라는 문장을 입력 데이터로, 'I love you'를 출력 데이터로 설정해 학습시킨다. 이런 방식으로 수억 개 이상의 문장을 학습시킨 결과가 지금의 번역기다.

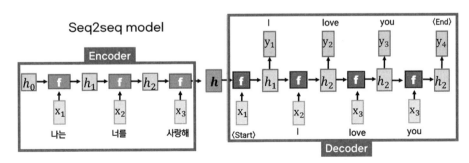

[그림 7-15] 기계 번역

(d) RNN 모델의 단점

RNN 모델은 입력 sequence만큼 hidden 벡터가 만들어지고 지속적인 정보 전달이 이루어진다. 하지만, 항이 길어질수록 미분 계산이 복잡해지고 정보 전달 과정에도 문제가 생긴다. 이러한 RNN 모델의 단점은 크게 미분 소실 또는 폭주 문제와 정보 전달 문제인 Long Term Dependency 문제로 분류된다.

- Truncated BPTT

  RNN 모델에서 시간 순서에 따른 오류 역전파를 BPTT(BackPropagation Through Time)라 한다. sequence가 길어지면 BPTT에서 미분 소실 또는 폭주가 일어날 가능성이 높아진다. 예를 들어 입력 sequence 길이가 10이고 각 과정의 미분값이 0.1이라 한다면, 전체 과정에서의 미분값은 0.1의 10승이 되어 거의 0이 된다. 반대로 미분값이 2이면 전체 과정의 미분값은 1000이 넘게 된다. 이처럼 전파가 길어지면 값이 소실 또는 폭주할 가능성이 높아지기 때문에 오류 역전파 계산 시 몇 개 항만 잘라 계산을 한다. 보통 5개의 항을 사용하며, 이것을 생략된 BPTT(Truncated BPTT)라고 한다.

- Long Term Dependency

  RNN 모델에서는 sequence의 항이 길어지면 처음에 입력된 정보가 뒤로 갈수록 다른 정보와 취합되어 전달력이 약해진다. 이런 현상을 장기 의존성(Long Term Dependency) 문제라 한다.

  예를 들어 'the clouds are in the ___'라는 문장이 있을 때, 빈 칸에 들어갈 단어가 sky인 것을 RNN 모델로도 쉽게 유추할 수 있다. 하지만 문장이 많거나 길어지면 맥락을 파악해야 답을 찾을 수 있다. 예를 들어 'I was born in Korea. …… I am fluent in _____'처럼 여러 문장이 있는 상황에서 빈 칸에 무엇이 들어가야 할지를 RNN 모델은 유추하기가 어렵다.

3.3 LSTM 모델

RNN 모델의 단점을 보완해 개발된 것이 LSTM(Long Short Term Memory Networks) 모델이다. 더 나아가 LSTM 모델을 더 단순화한 것이 GRU 모델이다.

LSTM 모델은 4개의 gate로 구성된 sequence 데이터를 다루는 딥러닝 학습 모델이다. 4개의 gate는 forget gate, input gate, update gate, output gate이며 각각 다른 역할을 맡고 있다.

각 단계에서 LSTM 모델의 입력은 RNN 모델과 같이 sequence 데이터 x_t와 이전 단계에서 넘어온 hidden 벡터 h_t이다. 그다음 과정으로 가중치 행렬 W를 곱하는 것까지는 RNN 모델과 동일하지만 활성화를 4가지 단계로 나누어서 진행하는 것부터 차이가 있다.

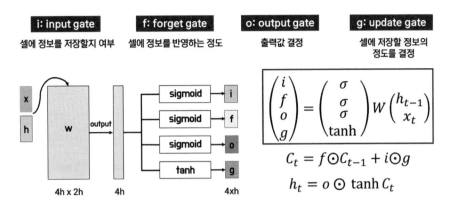

i: input gate	f: forget gate	o: output gate	g: update gate
셀에 정보를 저장할지 여부	셀에 정보를 반영하는 정도	출력값 결정	셀에 저장할 정보의 정도를 결정

$$\begin{pmatrix} i \\ f \\ o \\ g \end{pmatrix} = \begin{pmatrix} \sigma \\ \sigma \\ \sigma \\ \tanh \end{pmatrix} W \begin{pmatrix} h_{t-1} \\ x_t \end{pmatrix}$$

$$C_t = f \odot C_{t-1} + i \odot g$$

$$h_t = o \odot \tanh C_t$$

[그림 7–16] LSTM 모델

[그림 7 – 16]에서 $\odot$ 기호는 Hadamard product로 같은 크기의 두 행렬에서 같은 위치에 있는 성분들을 곱한 것으로 결과값도 행렬이다. 즉, $C=A\odot B$이면 그 성분들은 $C_{ij}=A_{ij}B_{ij}$로 계산된다.

이제 각각의 layer를 살펴보자.

a) forget gate layer

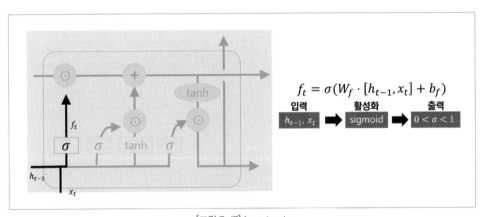

$$f_t = \sigma(W_f \cdot [h_{t-1}, x_t] + b_f)$$

입력　　　　활성화　　　출력
h_{t-1}, x_t ➡ sigmoid ➡ $0 < \sigma < 1$

[그림 7–17] forget gate

Forget gate layer에서는 이전 단계에서 전달되어 온 hidden 벡터 h_{t-1}와 새로운 입력 벡터 x_t를 가중치 행렬에 곱하고 sigmoid 함수로 활성화해 0~1 사이의 값을 출력한다. 이렇게 함으로써 전달되는 값의 강도를 조절해 출력값이 0이면 정보의 연관성이 없는 것(forget)이고, 1이면 정보의 연관성이 큰 것임을 알 수 있다. 이렇게 전달되는 정보의 강도로 계산된 정보를 forget할 수 있도록 하는 gate다.

(b) input gate layer

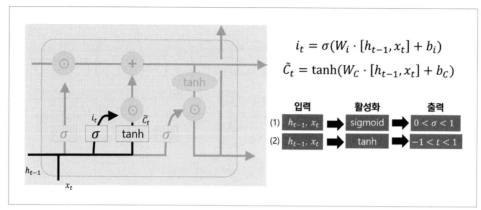

[그림 7-18] input gate

input gate layer는 두 개의 과정으로 이루어져 있다. [그림 7-18]에서 (1)은 이전 단계에서 전달되어 온 hidden 벡터 h_{t-1}와 새로운 입력 벡터 x_t를 가중치 행렬에 곱하고 sigmoid 함수로 활성화해 0~1 사이의 값을 출력하는 것으로 input gate라 한다. (2)는 hidden 벡터 h_{t-1}와 새로운 입력 벡터 x_t를 가중치 행렬에 곱하고 tanh 함수로 활성화해 -1~1 사이의 값을 출력하는 것으로 update gate라 한다. 이 두 과정의 결과를 Hadamard product로 계산한 것이 input gate layer다.

(1)의 과정에서 얻은 값은 0~1의 값으로 강도를 결정하며, (2)의 과정(update gate)에서 얻은 값은 -1~1 의 값으로, 음수이면 흐름에 반하는 의미이고 양수이면 흐름에 부합한다는 의미로 해석된다.

(c) Cell state

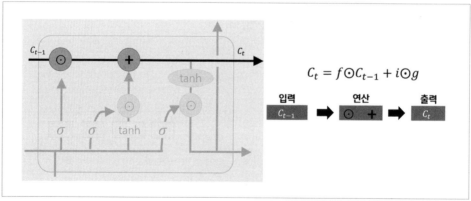

[그림 7-19] cell state

cell state는 forget gate layer에서 계산된 값과 이전 cell state 값을 Hadamard product로 계산하고, input gate layer에서 전달되어 온 값을 더해 다음 항의 값을 얻는다. 이 cell state는 LSTM 모델을 역전파로 미

분할 때 실제 계산되는 항이며, 단순한 곱셈과 덧셈으로 이루어진 LSTM 모델의 핵심 과정이다(참고로 Hadamard product는 행렬 곱셈이 아닌 실수 곱셈이다).

(d) output gate layer

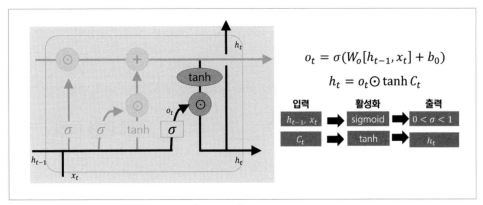

[그림 7-20] output gate

output gate layer는 이전 단계에서 전달되어 온 hidden 벡터 h_{t-1}와 새로운 입력 벡터 x_t를 가중치 행렬에 곱한 후 sigmoid 함수로 활성화해 0~1 사이의 값을 출력하고, cell state에서 계산된 값을 tanh 함수로 활성화해 −1~1 사이의 값을 출력한다. 이 두 결과값을 Hadamard product로 계산한 결과를 다음 단계의 hidden 벡터로 넘겨준다. 결국 hidden 벡터의 값들은 −1~1 사이가 된다.

Forget gate layer와 input gate layer에서 이전 값들의 크기를 조절해 전달하므로 전후 상관관계나 맥락이 잘 전달되어 Long Term Dependency 문제가 해결된다.

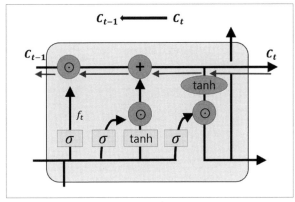

[그림 7-21] LSTM 오류 역전파

또한, LSTM 모델은 입력된 데이터와 전달된 값들을 gate들을 통해 계산해 새로운 출력값을 만들어준다. 이 과정은 크게 두 개의 state로 나뉘는데, 하나는 RNN 모델에서와 같은 hidden 벡터이며 다른 하나는 cell state라 부르는 값이다. 오류 역전파를 계산할 때 이 cell state 값만 계산하도록 설계되어 있다. Cell state의 연산은 단순한 실수곱과 덧셈으로 이루어져 있으며, 오류 역전파를 계산할 때도 단순 실수곱과 덧셈만 미분해 계산하므로 계산 속도가 빠르고, 소실이나 폭주 없이 미분값 계산이 가능하다.[3]

3.4 GRU 모델 : Gated Recurrent Units

GRU 모델은 LSTM 모델을 단순화시킨 것이다. 2개였던 state를 하나로 줄이고, 4개였던 gate를 2개로 줄였다.

reset gate와 update gate, 두 개의 gate로 구성되어 있다. GRU 모델의 특징을 정리하면 다음과 같다.

(a) 하나의 state

LSTM 모델에서 두 개였던 state가 h_t 하나로 합쳐져 있다.

(b) Reset gate

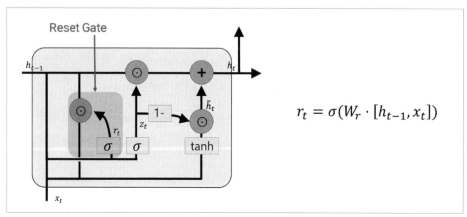

[그림 7-22] GRU Reset gate

이전 단계에서 전달되어 온 hidden 벡터 h_t와 새로운 입력 벡터 x_t를 가중치 행렬에 곱한 후 sigmoid 함수로 활성화해 0~1 사이의 값을 출력한다. 전달할 정보의 강도를 설정해 출력을 조절하는 단계다.

3　참고 논문: S. Hochreiter and J. Schmidhuber, "Long Short-Term Memory" in Neural Computation, vol. 9, no. 8, pp. 1735-1780, 15 Nov. 1997.

(c) Update gate

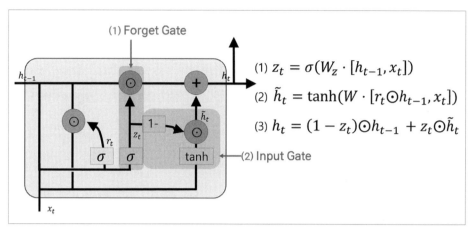

[그림 7-23] GRU Update gate

LSTM 모델의 forget gate와 input gate를 합쳐 놓은 역할로 과거 정보와 현재 정보에서 반영할 비율을 결정한다. 이전 단계에서 온 hidden 벡터 h_t에 가중치 행렬을 곱하고 새로 입력된 벡터 x_t에도 가중치 행렬을 곱한 후 더한 값에 sigmoid 함수를 활성화 함수로 사용해 0~1 사이 값을 출력한다.

[그림 7-23]에서 (1)이 forget gate이며, (2)는 input gate이고, (3)은 다음 단계의 hidden 벡터 h_t를 출력한다. 이 세 가지 과정을 다 합쳐 update gate가 된다.

(d) Gate Controller

하나의 gate controller가 forget gate와 input gate를 모두 제어한다. 출력값이 1이면 forget gate가 열리고 input gate가 닫히며, 출력값이 0이면 forget gate가 닫히고 input gate가 열린다.

모델은 단순화되었지만 성능은 떨어지지 않고, 적은 계산 용량을 필요로 하면서 LSTM 모델과 비슷한 성능을 발휘하는 장점이 있다.[4]

---

4 참고 논문: Kyunghyun Cho, et al., Learning Phrase Representations using RNN Encoder-Decoder for Statistical Machine Translation, 2014, arXiv:1406.1078

4 . Seq2Seq 모델

RNN 모델은 여러 가지 형태의 입출력 모델을 만들 수 있다. 그중에 many-to-many 형태로 입력도 sequence이고 출력도 sequence인 모델을 seq2seq 모델이라 한다. 이 seq2seq 모델은 자연어 번역에 사용되는 전형적인 모델이다. 잘 알려진 여러 번역기 모델이 이를 기반으로 하고 있다. seq2seq 모델은 입력 부분인 Encoder와 출력 부분인 Decoder로 구성되어 있으며, 그 사이를 연결해주는 것을 context 벡터라 한다. 각각의 입출력 부분에 RNN 모델을 사용한다.

4.1 Encoder-Decoder 모델

seq2seq 모델은 Encoder 부분과 Decoder 부분으로 이루어진 Encoder-Decoder 모델이다. Encoder 부분은 many-to-one 형태로 주어진 모델로 문장을 하나의 sequence로 보아 RNN 모델로 처리해 최종 결과를 하나의 벡터(context 벡터)로 출력한다. Decoder 부분은 one-to-many 형태로 context 벡터를 입력받아 여러 개의 단어를 출력해 새로운 문장을 만든다.

Encoder 부분과 Decoder 부분에 사용되는 모델은 sequence 데이터를 다루는 RNN 모델(RNN, LSTM, GRU 등)을 사용한다. Encoder-Decoder 모델은 문장을 입력하면 그 결과로 다시 문장을 출력하는 방식이며 각각의 Encoder 부분과 Decoder 부분에 사용되는 RNN 모델은 문장과 문장을 연결하는 방식이다. 하지만 최근에는 Attention Mechanism으로 입력 문장 내의 단어와 출력 문장 내의 단어를 직접 연결하는 방법이 사용되고 있으며, 더 나아가 Transformer 기법에는 아예 RNN 부분을 제외하고 Attention Mechanism만 사용하는 seq2seq 모델을 개발했으며 기존의 RNN 모델들보다 성능이 뛰어나다.

seq2seq 모델은 기본적으로 Encoder에서 입력 데이터를 압축하고, Decoder에서 압축된 데이터를 다시 풀어가는 형식으로 작동한다. 한국어 - 영어 번역기를 예로 들면, Encoder에서는 압축한 한국어 문장의 마지막 벡터가 입력되면 연산한 결과를 context 벡터로 출력한다. Decoder에서는 전달받은 context 벡터를 다시 해체해 영어로 된 문장으로 재구성한다.

Encoder 과정에서 매 단계마다 하나의 가중치 행렬을 반복 사용하며, Decoder 과정도 하나의 가중치 행렬을 사용한다. 물론 Encoder에서 사용하는 가중치 행렬과 Decoder에서 사용하는 가중치 행렬은 다른 것이다. Encoder와 Decoder는 각각 하나의 RNN 모델로 작동한다.

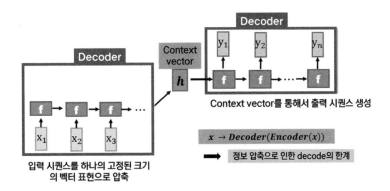

[그림 7-24] Encoder-Decoder

하지만 Encoder에서 정보를 압축해 context 벡터로 만들어 Decoder로 해체하는 방식은 압축으로 이미 소실된 정보가 있는 상태에서 해체하는 방식이므로 정보 전달력에 한계가 있다. 그렇기에 최대한 정보 소실 없이 정보를 전달하고자 Attention Mechanism이 개발되었다.

4.2 Attention Mechanism 소개

RNN 모델에서는 입력 문장과 출력 문장을 연결시키는 구조로 되어 있다. 반면 Attention Mechanism은 입력 문장의 단어와 출력 문장의 단어를 서로 연결하는 구조로 되어 있다. 단어와 단어를 연결하는 방법은 기존의 RNN 모델에서 context 벡터를 하나만 전달하는 것과는 달리 입력 문장의 각 단어마다 context 벡터를 생성해 하나의 벡터가 아닌 벡터들의 묶음을 전달하는 방식이다.

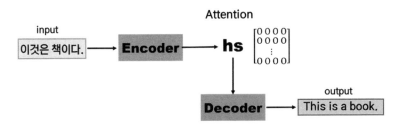

[그림 7-25] Attention Mechanism

Attention Mechanism은 RNN 모델에서 입력 데이터를 Embedding한 후에 Attention 모듈을 하나 추가해 학습을 시킨다. 이 과정에서 입력 단어와 출력 단어 사이의 상관관계를 계산하도록 하는 것이 핵심이다. 입력된 문장을 번역하는 경우 입력된 문장의 단어 하나하나와 출력되는 문장과 짝이 맞는 단어의 상관관계를 측정한다. 예를 들어 [그림 7-26]에서 입력이 '이것은 책이다'이고 출력이 'This is a book'인 경우를 보면, 입력의 각 단어인 '이것은', '책', '이다'와 출력의 각 단어인 'This', 'is', 'a', 'book' 사이의 상관관계를 계산해 입력 단어와 출력 단어를 직접 연결해주는 방식이다. 즉, 'This'는 '이것은', 'is'는 '이다', 'a'는 '책', 'book'은 '책'과 같이 단어와 단어 간의 상관관계를 나타낸다.

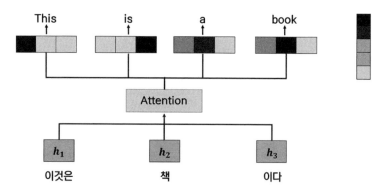

[그림 7-26] Attention 과정

[그림 7 - 27]처럼 최종적으로 입력 단어와 출력 단어 사이의 상관관계가 계산되어 나온다. 색상이 짙을 수록 상관관계가 높다.[5]

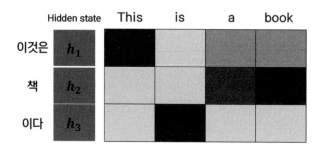

[그림 7-27] Attention Mechanism 결과

---

5 참고 논문: Dzmitry Bahdanau, Kyunghyun Cho, and Yoshua Bengio, Neural Machine Translation by Jointly Learning to Align and Translate, 2016, arXiv:1409.0473

이후에 나온 Transformer 기법에서는 RNN 부분을 아예 제거하고 Attention Mechanism만을 사용해 모델을 만들었다.[6]

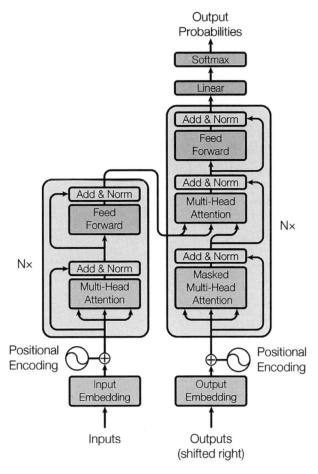

[그림 7-28] Transformer 모델

---

6 참고 논문: Ashish Vaswani, Noam Shazeer, Niki Parmar, Jakob Uszkoreit, Llion Jones, Aidan N. Gomez, Lukasz Kaiser, Illia Polosukhin, Attention is all you need, 2017, arXiv:1706.03762

이번 장의 마무리

■자연어를 처리하기 위해서는 우선 단어를 벡터로 표현해야 하며 이러한 과정을 Word Embedding이라 한다. 가장 간단한 방법은 단어에 번호를 부여하는 방식이며, 이것을 one-hot 벡터로 나타낸 것이 one-hot encoding이다. 하지만 이런 방식은 한 단어가 한 차원을 만들기에 단어가 많을수록 큰차원이 필요하며, 단어 사이의 관계나 맥락을 나타낼 수가 없다.

■단어 간의 관계와 맥락을 나타내기 위해 같은 문장 안에 있으면 상관관계가 있는 것으로 간주해 만들어진 기법이 CBOW와 skip-gram이다. CBOW는 주변 단어에서 중심 단어를 예측하고 skip-gram은 반대로 중심 단어에서 주변 단어를 예측하는 방식이다.

■자연어나 시계열 등의 sequence 데이터를 다루는 대표적인 모델이 RNN 모델이다. RNN 모델은 hidden 벡터로 이전 상태와 이후 상태를 연결해서 예측 가능한 것이 가장 큰 특징이다. 다만, 연결이 길어지면 Long-Term Dependency 문제가 발생하며, 오류 역전파 계산 시 소실되거나 폭주할 수가 있다. 이런 문제를 극복하기 위해 LSTM 모델이 등장했으며, LSTM을 더 단순화시킨 모델이 GRU 모델이다.

■seq2seq 모델은 번역 등을 위한 자연어 처리 모델이다. 입력 부분은 encoder이며, encoding된 결과가 context 벡터이며, 출력 부분인 decoder로 전달된다. Encoder, decoder로는 RNN, LSTM, GRU 등이 사용된다.

■최근에는 연결된 단어 간의 관계를 계산해 사용하는 Attention Mechanism이 개발되었으며, 더 나아가 RNN 부분을 제외하고 Attention만을 사용하는 Transformer 기법도 개발되었다.

[1~7] 다음 괄호 안에 들어갈 적당한 용어는 무엇인가요?

1 단어를 벡터로 표현하는 방법으로 벡터의 한 값만 1로 나타내고 나머지는 0으로 나타내는 방법을 (   ) 이라 한다.

2 Word Embedding은 단어를 벡터로 나타내는 방법으로 (   ) 값으로 단어를 벡터로 표현해 단어를 표현하는 차원을 줄인 (   )벡터로 나타내고, 단어 사이의 맥락까지 표현 가능하도록 one-hot 벡터로 표현된 단어를 (   )을 통해 embedding 벡터를 생성한다.

3 sequence 데이터를 학습시키는 RNN 모델은 (   )를 통해 이전의 데이터로 계산된 값을 전달해 최종 출력층을 계산하는 모델이다.

4 RNN 모델에서 시간 순서에 따른 오류 역전파(BPTT)를 계산할 때 계산하는 항이 길어지면 미분값이 폭주 또는 소실될 수 있기 때문에 일부 항만 계산하는 (   )를 사용한다.

5 RNN 모델의 단점으로 항이 길어지면 값을 유추하기 어려운 상황이 되는데 이를 (   ) 문제라고 한다. 이를 해결하기 위해 (   ) 모델이 개발되었다.

6 LSTM 모델에서 오류 역전파는 실수곱과 합만으로 이루어진 (   )를 통해 이루어진다. 실수곱과 합만으로 이루어져 있기 때문에 계산이 단순하고 신속하게 이루어지며, 미분값의 소실이나 폭주가 없기에 RNN의 단점을 보완할 수 있다.

7 자연어 번역 같은 자연어 처리에 사용되는 (   ) 모델은 입력 부분인 (   )와 출력 부분인 (   )로 구성되어 있으며, 입력 부분에서 추출된 (   )를 출력 부분으로 전달해 출력값이 만들어진다.

[8~9] 다음 주어진 질문에 답해주세요.

8 'This is a book'이 입력 sequence인 경우, window가 1인 CBOW 모델의 입력과 출력 단어의 조합들을 적어보세요. (처음 입력의 중심 단어는 This, 주변 단어는 is 이다.)

9 'This is a book'이 입력 sequence인 경우, window가 1인 skip-gram 모델의 입력과 출력 단어의 조합들을 적어보세요. (처음 입력의 중심 단어는 This, 주변 단어는 is 이다.)

실습 예제 1_
Bag of Words Meets Bags of Popcorn (kaggle)

문제 소개: 경진대회 형식으로 만들어진 초심자들을 위한 영화 감상평에서 감정을 분석하는 문제

2만5천 개의 학습용 데이터와 2만5천 개의 평가용 데이터로 구성

https://www.kaggle.com/c/word2vec-nlp-tutorial

데이터: IMDB movie reviews

함수 소개:

Text 데이터 전처리

(a) Tokenizer()

tensorflow.keras.preprocessing.text.Tokenizer : text를 전처리하는 클래스

단어를 숫자로 변환해주는 역할

A. fit_on_texts()

주어진 문장의 집합에서 단어들을 추려 정렬하는 함수

그 결과로 말뭉치 사전이 만들어지며 word_index()와 word_count()로 확인이 가능하다.

B. word_index

사용빈도가 높은 순으로 정렬된 단어 뭉치 전체를 출력. 개별 출력은 word_index['word']

C. word_count

단어가 사용된 횟수를 출력. 개별 출력은 word_count['word']

D. texts_to_sequences()

만들어진 말뭉치 사전의 index를 기준으로 문장의 단어를 숫자로 변환해주는 함수.

예: 오늘 날씨가 맑다. → 22 32 82

(b) pad_sequences(seq, maxlen=None, padding='pre')

tensorflow.keras.preprocessing.sequence.pad_sequences

서로 다른 길이의 문장을 같은 길이로 만들어주는 역할을 하는 함수

A. seq: 입력 데이터(각 성분이 sequence)

B. maxlen: 모든 sequence의 최대 길이

C. padding: 각 sequence의 처음(pre) 혹은 끝(post)을 패딩

Sequence 데이터 처리를 위한 모델 설정

(c) Embedding(input_dim, output_dim, input_length=None)

one-hot(또는 자연수) 벡터를 밀집 벡터로 전환하는 함수

        A. input_dim : 입력 차원

        B. output_dim: 출력 차원

        C. input_length: 입력 데이터(sequence)의 길이로 일정해야 함

(d) SimpleRNN(units, activation='tanh')

    Output이 input으로 연결되는 완전연결 순환망(RNN)

        A. units: output 공간의 차원

        B. activation: 활성화 함수. 기본은 tanh

(e) LSTM(units, activation='tanh')

    LSTM 층

        A. units: output 공간의 차원

        B. activation: 활성화 함수. 기본은 tanh

(f) Bidirectional(layer)

    RNN 데이터를 앞뒤 양방향으로 입력해 입력 sequence를 양방향 seqence로 합쳐서 변환

        A. layer: 양방향으로 변환한 후 적용되는 층(RNN, LSTM 등)

실습 코드

1 기본 라이브러리 호출

```
import numpy as np
import pandas as pd


import os
for dirname, _ ,filenames in os.walk('/kaggle/input'):
    for filename in filenames:
        print(os.path.join(dirname,filename))
```

2 데이터 처리

2 – 1 데이터 불러오기

```
train = pd.read _ table('/kaggle/input/word2vec-nlp-tutorial/labeledTrain
Data.tsv.zip')
```

```
test = pd.read_table('/kaggle/input/word2vec-nlp-tutorial/testData.tsv.
zip')
sub = pd.read_csv('/kaggle/input/word2vec-nlp-tutorial/sampleSubmission.
csv')
# 제출용 파일 형식


pd.options.display.max_colwidth = 1000   # 실습에서 소개
```

2 - 2 데이터 합치기

```
alldata = pd.concat([train, test]) # 전처리를 위해 학습용 데이터와 평가용 데이터를 하나로
합치기
alldata


alldata2 = alldata.drop('sentiment', axis=1) # 레이블에 해당하는 sentiment 삭제
alldata2
```

2 - 3 단어 사전 만들기

```
alldata2['review']


from tensorflow.keras.preprocessing.text import Tokenizer
tk = Tokenizer()
tk.fit_on_texts(alldata2['review'])
# 단어를 사용빈도별로 정렬해 단어 사전 만들기. 각각의 단어를 index(번호)로 표시 (one-hot 벡터
에 대응: [그림 7-2] 참조)
tk.word_index    # 단어 사전을 출력


tk.word_index['latter']    # latter라는 단어의 index(번호) 출력


len(tk.word_index)    # 단어 사전의 크기. 즉 단어의 총 개수


tk.word_counts    # 단어들의 사용 횟수를 표시


tk.word_counts['latter']    # latter라는 단어의 사용 횟수 표시
```

2 – 4 문장을 벡터로 만들기

```
all_text = tk.texts_to_sequences(alldata2['review'])
# 단어 사전의 단어 번호를 기준으로 문장을 번호(숫자)로 변형
len(all_text[0])    # 0번째 문장의 길이


alldata2.iloc[0][1] # 0번째 문장 출력
```

2 – 5 데이터 길이 정의

```
from tensorflow.keras.preprocessing.sequence import pad_sequences
all_pad = pad_sequences(all_text, maxlen = 150, padding = 'post')
# maxlen = 150:한 문장에서 최대 단어 개수를 150개로 정의
# padding = 'post' : 단어를 문장의 끝에서부터 maxlen 길이만큼 잘라서 저장


all_pad.shape
```

```
all_pad[1]
```

2 – 6 학습을 위해 train 데이터와 test 데이터 분리

```
train2 = all_pad[:len(train)]
test2 = all_pad[len(train):]


train2[0]


y_train = np.array(train['sentiment'])
y_train
# 학습 데이터 레이블 설정
```

3   데이터 처리

3 – 1 모델 설정 라이브러리 호출

```
from tensorflow.keras.models import Sequential
from tensorflow.keras.layers import Embedding, SimpleRNN, Dense
```

3 – 2 모델 설정

```
model = Sequential()
model.add(Embedding(len(tk.word_index)+1, 300, input_length = 150))
model.add(SimpleRNN(10))
model.add(Dense(1, activation = 'sigmoid'))
model.summary()
# *Embedding(입력 단어 수의 갯수, 출력의 차원, input_lenth = 입력 sequence의 길이)
```

4   모델 학습 진행

4 – 1 모델 compile

```
model.compile(loss = 'binary_crossentropy', optimizer = 'adam', metrics =
'acc')
```

4 – 2 모델 학습

```
model.fit(train2, train['sentiment'], epochs = 2, batch_size = 512)
# epoch와 batch_size를 적절히 변경해 최적의 조건 찾기
```

5   결과 제출

```
sub

result = model.predict(test2)  # 결과 예측
sub['sentiment'] = result
sub.to_csv('popcorn.csv', index = False)   # 결과를 popcorn.csv에 저장, index는
제외하고 저장
```

성능 향상 1 : LSTM 모델 사용

```
model1 = Sequential()
model1.add(Embedding(len(tk.word_index)+1, 300, input_length = 150))
model1.add(LSTM(60))
model.add(Dense(64, activation = 'relu'))
```

```
model1.add(Dense(1, activation = 'sigmoid'))
model1.summary()
```

성능 향상 2 : Bidirectioanl LSTM, Dropout 사용

```
model2 = Sequential()
model2.add(Embedding(len(tk.word_index)+1, 300, input_length = 150))
model2.add(Bidirectional(LSTM(60)))
model2.add(Dropout(0.3))
model2.add(Dense(64, activation = 'relu'))
model2.add(Dropout(0.3))
model2.add(Dense(1, activation = 'sigmoid'))
model2.summary()
```

실습 예제 2_ konlp : 한글 영화 감상평 분류

한글 영화 감상평 분류 문제(https://wikidocs.net/44249 참조)

한글로 된 데이터를 자연어 처리에 활용하는 예제를 다루기 위해 해당 링크를 참조했다.

한글 데이터의 특징

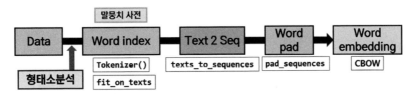

[그림 7-29] 한글 Word2Vec 과정

영어는 단어 하나가 하나의 형태소로 구성되어 있어 띄어쓰기 단위로 형태소를 파악할 수 있지만, 한국어는 하나의 띄어쓰기 단위에 여러 형태소가 모여 있다. 예를 들어 '오늘도 좋은 하루 보내세요'라는 문장을 보면 4개의 띄어쓰기 단위가 있고, 하나의 띄어쓰기 단위는 여러 형태소로 구성되어 있다. 형태소 분석에는 여러 가지 접근법이 있지만, 대체로 다음과 비슷한 형태들이다.

> 오늘도 = 오늘 + 도
> 좋은 = 좋다 + 은
> 하루 = 하루
> 보내세요 = 보내다 + 시 + 어요

이런 식으로 한국어는 Word2Vec을 진행하기 전에 형태소 분석을 통해 의미 있는 단어를 추려내 학습을 시킨다. 즉, 조사나 종결어미처럼 별다른 의미가 없는 형태소는 배제하고, 의미 있는 형태소들로 말뭉치 사전을 만든다.

데이터셋

영화당 100개의 리뷰, 총 200,000개의 리뷰(train: 15만, test: 5만)

1점 ~ 10점 까지의 평점 중에서 중립적인 평점(5점 ~ 8점)을 제외

- 부정(0) : 1점 ~ 4점
- 긍정(1) : 9점 ~ 10점

데이터 출처: https://github.com/ko-nlp/Korpora

NLP konlpy

1 기본 라이브러리 호출

```
import numpy as np
import pandas as pd
```

2 데이터 준비

```
# #### pandas를 이용: 필드 구문이 탭으로 되어 있기 때문에 \t 로 구분자를 지정
train = pd.read_csv( '/kaggle/input/naver-movie-review-dataset/ratings_
train.txt', sep = '\t')
test = pd.read_csv('/kaggle/input/naver-movie-review-dataset/ratings_t
est.txt', sep = '\t')
```

3 데이터 전처리

```
# #### Konlpy를 이용해 형태소 분석 및 품사 태깅
# konlpy 라이브러리 설치
!pip install konlpy

!pip install tweepy==3.10.0

import tweepy
# tensorflow 2.4 업데이트 이후 버전이 안 맞는 문제 해결
# 형태소 분석
from konlpy.tag import Okt

okt = Okt()
okt.pos('딥러닝은 머신러닝보다 층이 깊고 더 복잡한 데이터를 처리할 수가 있다')
# tokenize 함수를 정의
def tokenize(doc):
return ['/'.join(t) for t in okt.pos(doc, norm = True, stem = True)]
# 형태소와 품사를 join
# norm은 정규화, stem은 원형으로 표시
```

```python
# ### 리뷰가 null인 경우:
# 사전에 null 값을 확인해보고 빈 문자열로 대체하거나 **그 행을 삭제**
train.isnull().any() # document에 null 값이 있음


tnul = train[train['document'].isnull()==True]
train1 = train.copy()
train.iloc[25857]
train.iloc[25858]
# null 행 삭제
train1 = train1.drop([25857, 55737, 110014, 126782, 140721], axis=0)
train1.iloc[25857]


# test1.dropna()
train.shape
train1.shape


train1.isnull().any()
# train['document'] = train['document'].fillna('') # null 값을 ''값으로 대체


test.isnull().any()
testnul = test[test['document'].isnull()==True]
testnul
test1 = test.copy()
test1 = test1.drop([5746, 7899, 27097], axis=0) # test1.dropna()와 같은 의미
test1.isnull().any()


# ### 학습 데이터와 테스트 데이터를 분리해 저장
train1
train1.values
alldata = pd.concat([train1['document'], test1['document']])
alldata.values
alldata_docs = [tokenize(row) for row in alldata.values] #20분 소요
# ### 분석 결과 확인
alldata_docs[4]
```

```python
# ### 15만 개의 학습 데이터에 분리된 토큰 개수를 확인
tokens = [t for d in alldata_docs for t in d]
print("토큰 개수: ", len(tokens))


# ## 전처리
# nltk를 이용해 전처리
# vocab().most_common : 가장 자주 사용되는 단어를 가져옴

import nltk
text = nltk.Text(tokens, name = 'NMSC')


print(len(text.tokens)) # 토큰 개수
print(len(set(text.tokens))) # 중복을 제외한 토큰 개수
print(text.vocab().most_common(10)) # 출력빈도가 높은 상위 토큰 10개


# ### 벡터화
# 자주 사용되는 토큰 100개를 사용해 데이터를 벡터화 (10000개 도전)


FREQ_COUNT = 100 #10000개 도전


selected_words = [f[0] for f in text.vocab().most_common(FREQ_COUNT)]


# 단어 리스트 문서에서 상위 100개들 중 포함되는 단어들의 개수
def term_FREQ(doc):
return [doc.count(word) for word in selected_words]


# 데이터 분리
train_docs = alldata_docs[:len(train1)]
test_docs = alldata_docs[len(train1):]


# 문서에 들어가는 단어 개수
train_t = [term_FREQ(d) for d in train_docs]
test_t = [term_FREQ(d) for d in test_docs]


# 레이블 (1 or 0)
```

```
train_y = train1['label']
test_y = test1['label']


len(train_x[0])


# ### 데이터를 numpy array float로 변환
train_x = np.asarray(train_t).astype('float32')
test_x = np.asarray(test_t).astype('float32')


train_x[0]
```

4 학습 모델 설정

```
from tensorflow.keras.models import Sequential
from tensorflow.keras import layers, models
from tensorflow.keras.layers import Dense


model = Sequential()
model.add(Dense(50, activation = 'swish', input_shape = (FREQ_COUNT, )))
model.add(Dense(16, activation = 'swish'))
model.add(Dense(1, activation = 'sigmoid'))
model.compile(optimizer = 'adam', loss = 'binary_crossentropy', metrics =
'acc')
model.summary()


model.fit(train_x, train_y, epochs = 10, batch_size = 512)
```

5 모델 평가

```
results = model.evaluate(test_x, test_y)
# FREQ_COUNT = 10000 으로 하면 85%


# 모델을 저장
model.save('nmr_model.h5')
```

```python
# 모델 불러오기
from tensorflow.keras.models import load_model
model = load_model('nmr_model.h5')


# ## 결과 예측하기
#
# #### 최종 확률이 0.5 이상이면 긍정, 아니면 부정


review = "아주 재미있어요" # "별로 재미없어요"
token = tokenize(review)
token


tf = term_FREQ(token)
data = np.expand_dims(np.asarray(tf).astype('float32'), axis=0)
float(model.predict(data))


# #### 테스트한 로직을 함수화


def predict_review(review):
    token = tokenize(review)
    tfq = term_FREQ(token)
    data = np.expand_dims(np.asarray(tfq).astype('float32'), axis=0)
    score = float(model.predict(data))
    if score > 0.5:
    print(f'{review} ==> 긍정 ({round(score*100)}%)')
    else:
    print(f'{review} ==> 부정 ({round((1-score)*100)}%)')

predict_review("재미 정말 없어요")
```

심화 문제_ Disaster tweets(kaggle)

데이터셋 :

    (a) train : 7613 text data

    (b) test : 3263 text data

레이블 : 실제 재난 상황 1, 아닌 경우 0

https://www.kaggle.com/c/nlp-getting-started

memo

PART

8

Project

학습 목표

- 프로젝트 1. 이미지 분류: Dog breed (kaggle)
- 프로젝트 2. 이미지 다중 분류(경진대회): 동물 분류
- 프로젝트 3. 자연어 분류: Sentiment Analysis on Movie Reviews (kaggle)
- 프로젝트 4. 자연어 분류(경진대회): 연구 분야 분류

8 Project

이 장에서는 지금까지 배운 내용을 활용해 2종류의 이미지 분류 과제와 2종류의 자연어 처리 과제를 직접 해결해보고 성능을 향상시켜보는 것이 목적이다.

프로젝트 1. 이미지 다중 분류 : Dog Breed (kaggle)

강아지 이미지를 통해 120종의 견종을 분류하는 이미지 다중 분류 문제입니다.

학습 데이터는 120종의 10,222개 이미지이며, 테스트 데이터는 10,357개의 이미지입니다.

데이터:

 Train: 10222 개의 사진

 Test: 10357 개의 사진

Class: 120

https://www.kaggle.com/c/dog-breed-identificatio

데이터: Stanford Dogs Dataset

Hint

Data load: ImageDataGenerator, flow_from_dataframe

Model: CNN, Transfer Learning

1.1 문제 정의

 A. 데이터

 Train data: 10,222 개의 사진, 120개 class

 Test data: 10,357 개의 사진

B. 문제 분류

　　120개 class의 이미지 분류 문제

C. 모델

　　CNN 모델이 적합

1.2 코드 예시

```
import numpy as np # linear algebra
import pandas as pd # data processing, CSV file I/O (e.g. pd.read_csv)


import os
for dirname, _ , filenames in os.walk('/kaggle/input'):
    for filename in filenames:
        print(os.path.join(dirname, filename))
# 여기까지 kaggle 기본
```

1　기본 라이브러리 호출

```
from tensorflow.keras PIL import Image
from tensorflow.keras import layers, models
from tensorflow.keras.models import Sequential
from tensorflow.keras import Model, Input
from tensorflow.keras.layers import Dense, Conv2D, MaxPooling2D, Flatten,
Dropout, Act ivation, BatchNormalization
# 사용할 layer를 미리 import


from tensorflow.keras.callbacks import ModelCheckpoint
import matplotlib.pyplot as plt
from tensorflow.keras.preprocessing.image import ImageDataGenerator
```

```
sub = pd.read_csv('/kaggle/input/dog-breed-identification/sample_submiss
ion.csv')
labels = pd.read_csv('/kaggle/input/dog-breed-identification/labels.csv',
dtype = str)


# test data용 dataframe 파일 만들기
test = pd.DataFrame()
test['id'] = sub['id']


test.dtypes


test['id'] = test['id']+'.jpg'


labels['breed'].value_counts()  # breed 종류와 각 종류의 개수 확인


labels1 = labels.copy()
labels1['id'] = labels['id']+'.jpg'
labels1


# train 데이터가 있는 폴더와 test 데이터가 있는 폴더 지정
train_dir = '/kaggle/input/dog-breed-identification/train/'
test_dir = '/kaggle/input/dog-breed-identification/test/'


# file 확장자 (jpg)확인: train_dir
path_dir = train_dir
file_list = os.listdir(path_dir)
njpg_list = []
for i in file_list:
   a = i.split(".")
   if a[-1] != "jpg":
   njpg_list.append(i)
print(njpg_list)
```

```
# file 확장자 (jpg)확인: test_dir
path_dir = test_dir  # train_dir
file_list = os.listdir(path_dir)
njpg_list = []
for i in file_list:
    a = i.split(".")
    if a[-1] ! = "jpg":
    njpg_list.append(i)
print(njpg_list)


# check image
im_frame = Image.open(test_dir + '000621fb3cbb32d8935728e48679680e.jpg')
im_frame2 = Image.open(train_dir + '000bec180eb18c7604dcecc8fe0dba07.jpg')
plt.imshow(im_frame)


plt.imshow(im_frame2)


# 이미지 사이즈 확인
im_frame.size, im_frame2.size
# ((600, 449), (500, 375))


# numpy로 변환해서 이미지 사이즈 확인
np_frame = np.array(im_frame)
np_frame2 = np.array(im_frame2)
np_frame.shape, np_frame2.shape
# ((449, 600, 3), (375, 500, 3))


# input size (ImageDataGenerator), input shape (model 설정) 설정
input_sh = (224, 224, 3)
input_size = (224, 224)


bs=16  # batch size
```

```python
datagen = ImageDataGenerator(rescale = 1./255, validation_split = 0.1)
# 10%는 validation data로 사용


train0 = datagen.flow_from_dataframe(
        labels1, directory = train_dir,
        x_col = labels1.columns[0], y_col = labels1.columns[1],
        target_size = input_size,
        subset = "training",
        class_mode = "categorical", batch_size=bs) # 90% of train data
val0 = datagen.flow_from_dataframe(
        labels1, directory = train_dir,
        x_col = labels1.columns[0], y_col = labels1.columns[1],
        target_size = input_size,
        subset = "validation",
        class_mode = "categorical", batch_size=bs) # 10% of train data
test0 = datagen.flow_from_dataframe(
        test, directory = test_dir,
        x_col = test.columns[0], y_col = None,
        target_size = input_size,
        shuffle = False, class_mode = None)


# datagen 확인
x_batch, y_batch = train0.next()
for i in range(0, bs):
    print(x_batch[i].shape, y_batch[i]) # image size, label 출력
    plt.imshow(((x_batch[i])*255).astype('int')) # image출력
    plt.show()
```

3 − A 모델 설정1: 전이 학습을 사용할 경우

```python
# VGG19 사용
from tensorflow.keras.applications import VGG19  # ResNet50V2


base = VGG19(include_top = True,
            weights = "imagenet",
            input_shape = input_sh)
# ResNet50V2을 사용할 경우
# base = ResNet50V2(include_top = True,
#           weights = "imagenet",
# input_shape=input_sh)


# 출력 부분 모델 설정
x = base.output
x = Dropout(0.5)(x)
x = Dense(256, activation = 'relu')(x)
x = Dropout(0.4)(x)
x = Dense(256, activation = 'relu')(x)
x = Dropout(0.5)(x)
predictions = Dense(120, activation = 'softmax')(x)
modelr = Model(inputs = base.input, outputs = predictions)
modelr.summary()
modelr.compile(optimizer = 'adam',
            loss = 'categorical_crossentropy',
            metrics = 'acc')


checkpointp = ModelCheckpoint(filepath = 'modelp4.hdf5',
            monitor = 'val_loss',
            mode = 'min',
            save_best_only = True)
```

4-A 학습 진행

```
historyr = modelr.fit(train0, epochs = 50, validation_data = val0)
# 예측
resultr = modelr.predict(test0)


# 그래프 확인
import matplotlib.pyplot as plt
acc = historyr.history['acc']
val_acc = historyr.history['val_acc']
loss = historyr.history['loss']
val_loss = historyr.history['val_loss']
epoch = np.arange(1, len(loss)+1)


plt.plot(epoch, acc, 'r', label = 'acc')
plt.plot(epoch, val_acc, label = 'val_acc')
plt.title('Accuracy')
plt.savefig('dog_breed_acc.png')
plt.legend()

plt.plot(epoch, loss, 'r', label = 'loss')
plt.plot(epoch, val_loss, label = 'val_loss')
plt.title('Loss')
plt.savefig('dog_breed_loss.png')
plt.legend()
```

5-A 결과 제출

```
sub2 = sub.copy()
sub2.iloc[:, 1:] = resultr
sub2.to_csv('dogt.csv', index = False)
```

3 – B 모델 설정2: 직접 설정하는 경우

```
model = Sequential()
model.add(Conv2D(8,(3,3),input_shape = input_sh))
model.add(Activation('relu'))
model.add(MaxPooling2D
model.add(Conv2D(16,(3,3)))
model.add(Activation('relu'))
model.add(MaxPooling2D
model.add(Conv2D(16,(3,3)))
model.add(Activation('relu'))
model.add(MaxPooling2D
model.add(Conv2D(32,(3,3)))
model.add(Activation('relu'))
model.add(MaxPooling2D
model.add(Conv2D(32,(3,3)))
model.add(Activation('relu'))
model.add(MaxPooling2D

model.add(Flatten())
model.add(Dropout(0.25))
model.add(Dense(256))
model.add(Activation('relu'))


model.add(Dense(120))
model.add(Activation('softmax'))


model.summary()


checkpointm = ModelCheckpoint(filepath = 'modelm4.hdf5',
      monitor = 'val_loss',
      mode = 'min',
      save_best_only = True)
```

```
model.compile(optimizer = 'adam',
        loss = 'categorical_crossentropy',
        metrics = 'acc')
```

4-B 학습 진행

```
hist = model.fit(train0, epochs = 30, validation_data = val0)


result = model.predict(test0)

# 그래프 확인
acc = hist.history['acc']
val_acc = hist.history['val_acc']
loss = hist.history['loss']
val_loss = hist.history['val_loss']
epoch = np.arange(1, len(loss)+1)

plt.plot(epoch, acc, 'r', label = 'acc')
plt.plot(epoch, val_acc, label = 'val_acc')
plt.title('Accuracy')
plt.savefig('dog_breed_acc1.png')
plt.legend()

plt.plot(epoch, loss, 'r', label = 'loss')
plt.plot(epoch, val_loss, label = 'val_loss')
plt.title('Loss')
plt.savefig('dog_breed_loss1.png')
plt.legend()
```

5-B 결과 제출

```
sub2 = sub.copy()
sub2.iloc[:,1:] = result
sub2.to_csv('dog.csv', index = False)  # score 6.7
```

프로젝트 2. 이미지 다중 분류 (경진대회): 동물 분류

4종류의 동물 사진으로 동물 종류를 분류하는 이미지 다중 분류 문제입니다.

학습 데이터는 4종류의 동물 정보가 담긴 3200개의 이미지이며, 테스트 데이터는 800개의 이미지입니다.

데이터: 4종류의 동물 사진

    학습용: 2,800

    평가용: 729

Class: 4 (dog, cat, deer, horse)

제출

주소: https://www.kaggle.com/c/animal-classification

Hint

Data load: ImageDataGenerator

Model: CNN, Transfer Learning

2.1 문제 정의

    A. 데이터

        Train data: 2,800개의 사진 4개 class

        Test data: 729개의 사진

    B. 문제 분류

        4개 class의 이미지 분류 문제

    C. 모델

        CNN 모델이 적합

2.2 코드 예시

```
import numpy as np # linear algebra
import pandas as pd # data processing, CSV file I/O (e.g. pd.read_csv)


import os
# for dirname, _ ,filenames in os.walk('/kaggle/input'):
```

```
# for filename in filenames:
# print(os.path.join(dirname, filename))
# 여기까지 kaggle 기본
```

1 데이터 로딩

```python
from PIL import Image
from matplotlib import pyplot as plt

trainp = '/kaggle/input/animal-classification/train/'
testp = '/kaggle/input/animal-classification/test/'

sub = pd.read_csv('../input/animal-classification/Sample_submission.csv')

# data load : train -> training+validation

from tensorflow.keras.preprocessing.image import ImageDataGenerator
igen = ImageDataGenerator(rescale = 1/255, validation_split = 0.1)

for i in range(1, 11):
    a = Image.open(trainp+'deer/deer_'+str(i)+'.jpg')
    plt.imshow(a)
    print(a.size)
    plt.show()

bs = 16
isize = (128, 128)
ishape = (128, 128, 3)
traind = igen.flow_from_directory(trainp, target_size = isize,
batch_size = bs, subset = 'training')

vald = igen.flow_from_directory(trainp, target_size = isize,
batch_size = bs, subset = 'validation')
```

```
# flow_from_dataframe (test_data)
testdf = sub.copy()
testdf.dtypes


testdf['ID'] = testdf['ID'].astype('str')
testdf['file'] = testp+'test/'+testdf['ID']+'.jpg'


testdf['file'][0]


testd = igen.flow_from_dataframe(testdf, x_col = 'file', y_col = None, target_
size = isize, class_mode = None, shuffle = False)
```

2 모델 설정

```
from tensorflow.keras.models import Sequential
from tensorflow.keras.layers import Conv2D, MaxPooling2D, Dense, Flatten,
Dropout, BatchNormalization


md = Sequential()
md.add(Conv2D(8, (3, 3), activation = 'relu', input_shape = ishape))
# md.add(Conv2D(8, (3, 3), activation = 'relu'))
md.add(MaxPooling2D())
md.add(Conv2D(16, (3, 3), activation = 'relu'))
# md.add(BatchNormalization())
# md.add(Conv2D(16, (3, 3), activation = 'relu'))
md.add(MaxPooling2D())
md.add(Conv2D(16, (3, 3), activation = 'relu'))
# md.add(BatchNormalization())
md.add(Conv2D(16, (3, 3), activation = 'relu'))
md.add(MaxPooling2D())
md.add(Conv2D(16, (3, 3), activation = 'relu'))
md.add(Conv2D(16, (3, 3), activation = 'relu'))
md.add(MaxPooling2D())
```

```
md.add(Flatten())
# md.add(Dropout(0.4))
md.add(Dense(64, activation = 'relu'))
# md.add(Dropout(0.3))
# md.add(Dense(64, activation = 'relu'))
# md.add(Dropout(0.2))
md.add(Dense(16, activation = 'relu'))
# md.add(Dropout(0.3))
md.add(Dense(4, activation = 'softmax'))
md.summary()


from tensorflow.keras.utils import plot_model
plot_model(md, '4ani_model.png')


md.compile(optimizer = 'adam', loss = 'categorical _ crossentropy', metrics =
'acc')
```

3 학습 진행

```
hist = md.fit(traind, epochs = 40, validation_data = vald)
```

```
# 그래프 확인
loss = hist.history['loss']
val_loss = hist.history['val_loss']
acc = hist.history['acc']
val_acc = hist.history['val_acc']
ep = np.arange(1, len(loss)+1)
import matplotlib.pyplot as plt
plt.figure(figsize = (10, 8))
plt.plot(ep, loss, 'b', label = 'loss')
plt.plot(ep, val_loss, 'g', label = 'val_loss')
plt.title('Loss')
plt.legend()
```

```
plt.figure(figsize = (10, 8))

plt.plot(ep, acc, 'r', label = 'acc')

plt.plot(ep, val_acc, 'y', label = 'val_acc')

plt.title('Accuracy')

plt.legend()


result = md.predict(testd)
```

4 결과 제출

```
sub['Label'] = result.argmax(1)

sub.to_csv('4ani.csv', index = False)
```

프로젝트 3. 자연어 분류
Sentiment Analysis on Movie Reviews (kaggle)

영어로 작성된 영화 리뷰 데이터를 사용해 감정 상태를 분류하는 자연어 다중 분류 문제입니다. 감정 상태는 0~4로 표현되어 있습니다.

학습 데이터는 긍정, 부정이 표시된 156,060개의 영화 리뷰이며 테스트 데이터는 66,292개의 영화 리뷰입니다.

데이터:

　　학습용: 156,060

　　평가용: 66,292

Class: 5 (0~4)

제출

https://www.kaggle.com/c/sentiment-analysis-on-movie-reviews/overview

데이터: Rotten Tomatoes dataset

Hint

Data load: Tokenizer, pad_seqences

Model: RNN, LSTM, GRU

3.1 문제 정의

A. 데이터

Train data: 156,060 개의 자연어 데이터, 5개 class

Test data: 66,292 개의 자연어 데이터

B. 문제 분류

5개 class의 자연어 분류 문제

C. 모델

RNN, LSTM 모델 적용

3.2 코드 예시

```
import numpy as np # linear algebra
import pandas as pd # data processing, CSV file I/O (e.g. pd.read_csv)


import os
for dirname, _ , filenames in os.walk('/kaggle/input'):
    for filename in filenames:
        print(os.path.join(dirname, filename))
```

1 Data Load 및 확인

```
train = pd.read_table('/kaggle/input/sentiment-analysis-on-movie-reviews/
train.tsv.zip')
test = pd.read_table('/kaggle/input/sentiment-analysis-on-movie-reviews/
test.tsv.zip')
sub = pd.read_csv('/kaggle/input/sentiment-analysis-on-movie-reviews/
sampleSubmission.csv')


train


train['Sentiment'].value_counts()


test
```

```
sub

pd.options.display.max_colwidth = 1000

train

train.iloc[2][2]
```

2-1 Data 취합

```
alldata = pd.concat([train, test])

alldata

alldata2 = alldata.drop('Sentiment', axis = 1)

alldata2
```

2-2 단어 목록 만들기 → 벡터화

```
from tensorflow.keras.preprocessing.text import Tokenizer
tk = Tokenizer()
tk.fit_on_texts(alldata2['Phrase'])

len(tk.word_index)

tk.word_index

tk.word_counts

all_text=tk.texts_to_sequences(alldata2['Phrase'])

all_text[0]
```

```
from keras.preprocessing.sequence import pad_sequences
all_pad = pad_sequences(all_text)


all_pad[0]


all_pad.shape
```

2-3 Data 분리

```
train2 = all_pad[:len(train)]
test2 = all_pad[len(train):]


target = train['Sentiment']
```

```
from sklearn.model_selection import train_test_split
train_x, val_x, train_y, val_y = train_test_split(train2, target, test_s
ize = 0.2, random_state = 42)
```

3 모델 설정

```
from tensorflow.keras.models import Sequential
from tensorflow.keras.layers import *
model = Sequential()
model.add(Embedding(len(tk.word_index)+1, 300, input_length = 52))
model.add(SimpleRNN(10))
model.add(Dense(5, activation = 'softmax'))
model.summary()


model.compile(metrics = ['acc'], loss = 'sparse_categorical_crossentro
py', optimizer = 'adam')
```

4 학습 진행

```
history = model.fit(train_x, train_y, epochs = 2, batch_size = 512, valida
tion_data = (val_x, val_y))


# 예측
result = model.predict(test2)


result.argmax(1)
```

5 결과 제출

```
sub['Sentiment'] = result.argmax(1)
sub.to_csv('sent.csv', index = False)  # score 0.61
```

3-A 모델 성능 향상

```
model1 = Sequential()
model1.add(Embedding(len(tk.word_index)+1, 300, input_length = 52))
model1.add(LSTM(32))
model1.add(Dense(64, activation = 'relu'))
model1.add(Dense(32, activation = 'relu'))
model1.add(Dense(5, activation = 'softmax'))
model1.summary()


model1.compile(loss = 'sparse_categorical_crossentropy', optimizer = 'ada
m', metrics = 'acc')
```

4-A 학습 진행

```
history1 = model1.fit(train_x, train_y, epochs = 2, batch_size = 512, valida
tion_data = (val_x, val_y))


result1 = model1.predict(test2)
```

5-A 결과 제출

```
sub['Sentiment'] = result1.argmax(1)
sub
sub.to_csv('sent1.csv', index = False)  # score 0.64
```

3-B 모델 설정: model 2

```
model2 = Sequential()
model2.add(Embedding(len(tk.word_index)+1, 300, input_length = 52))
model2.add(Bidirectional(LSTM(32)))
model2.add(Dense(64, activation = 'relu'))
model2.add(Dropout(0.5))
model2.add(Dense(32, activation = 'relu'))
model2.add(Dropout(0.5))
model2.add(Dense(5, activation = 'softmax'))
model2.summary()

model2.compile(loss = 'sparse_categorical_crossentropy',
    optimizer = 'adam', metrics = 'acc')
```

4-B 학습 진행

```
history2 = model2.fit(train_x, train_y, epochs = 2, batch_size = 512, valid
ation_data = (val_x, val_y))

result2 = model2.predict(test2)
```

5-B 결과 제출

```
sub['Sentiment'] = result2.argmax(1)
sub.to_csv('sent2.csv', index = False)  # score 0.63
```

```
import matplotlib.pyplot as plt

acc = history.history['acc']
acc1 = history1.history['acc']
acc2 = history2.history['acc']
loss = history.history['loss']
loss1 = history1.history['loss']
loss2 = history2.history['loss']
epochs = range(1, len(acc)+1)

fig = plt.figure(figsize = (10, 5))
# plt.xlim(1, len(acc)+1)
plt.plot(epochs, acc, 'b', label = 'Training acc')
plt.plot(epochs, acc1, 'r', label = 'Training acc1')
plt.plot(epochs, acc2, 'g', label = 'Training acc2')
plt.title('Training acc')
plt.savefig('senti_acc')
plt.legend()

fig = plt.figure(figsize = (10, 5))
# plt.xlim(1, len(acc))
plt.plot(epochs, loss, 'b', label = 'Training loss')
plt.plot(epochs, loss1, 'r', label = 'Training loss1')
plt.plot(epochs, loss2, 'g', label = 'Training loss2')
plt.title('Training loss')
plt.savefig('senti_loss')
plt.legend()
```

프로젝트 4. 자연어 다중 분류 (경진대회) :
Topic Modeling for Research Articles

Multi Label Classification using NLP on Research Articles

논문 제목과 초록으로 만들어진 자연어 데이터를 사용해 논문의 연구 분야를 분류하는 자연어 다중 분류 문제입니다.

학습용 데이터는 6개의 분야로 이루어진 15,972개의 논문 제목과 초록으로 만들어진 자연어 데이터이며, 평가용 데이터는 5,000개의 논문 제목과 초록으로 만들어진 자연어 데이터입니다.

데이터 : 6개 분야의 논문 제목과 초록

    학습용: 15,972

    평가용: 5,000

주소: https://www.kaggle.com/c/nlpsci

제출

Label

0	Computer Science
1	Physics
2	Mathematics
3	Statistics
4	Quantitative Biology
5	Quantitative Finance

사용된 데이터는 아래 링크에 있는 데이터를 가공한 것입니다.

https://www.kaggle.com/vetrirah/janatahack-independence-day-2020-ml-hackathon

Hint

Data load: Tokenizer, pad_sequences

Model: RNN, LSTM, GRU, Transformer 등

4.1 문제정의

A. 데이터

Train data: 15,972개의 자연어 데이터, 6개 class

Test data: 50,00개의 자연어 데이터

B. 문제 분류

6개 class의 자연어 분류 문제

C. 모델

RNN, LSTM 모델 적용

4.2 코드예시

```
import numpy as np # linear algebra
import pandas as pd # data processing, CSV file I/O (e.g. pd.read_csv)


import os
for dirname, _ , filenames in os.walk('/kaggle/input'):
    for filename in filenames:
        print(os.path.join(dirname, filename))
```

1   Data Load

```
train = pd.read_csv('/kaggle/input/nlpsci/train.csv')
test = pd.read_csv('/kaggle/input/nlpsci/test.csv')
sub = pd.read_csv('/kaggle/input/nlpsci/sample_submission.csv')


train


train['label'].value_counts()


test


sub


pd.options.display.max_colwidth = 1000
```

2-1 Data 취합

```
train1 = pd.DataFrame()
train1['remark'] = train['TITLE']+train['ABSTRACT']


train.iloc[0]


train1


test1 = pd.DataFrame()
test1['remark'] = test['TITLE']+test['ABSTRACT']


test1


alldata = pd.concat([train1, test1])


alldata
```

2-2 단어 목록 만들기 → 벡터화

```
from tensorflow.keras.preprocessing.text import Tokenizer
tk = Tokenizer()
tk.fit_on_texts(alldata['remark'])


len(tk.word_index)


tk.word_index


tk.word_counts


all_text = tk.texts_to_sequences(alldata['remark'])


all_text[0]


from tensorflow.keras.preprocessing.sequence import pad_sequences
```

```
all_pad = pad_sequences(all_text, padding = 'post', maxlen = 72)  # max_len
= 467


all_pad[0]


all_pad.shape
```

2-3 Data 분리

```
train2 = all_pad[:len(train)]
test2 = all_pad[len(train):]


target = train['label']


# train data, validation data 분리


from sklearn.model_selection import train_test_split
train_x, val_x, train_y, val_y = train_test_split(train2, target, test_s
ize = 0.2, random_state = 42)
```

3-A 모델 설정 A

```
from tensorflow.keras.models import Sequential
from tensorflow.keras.layers import Embedding, SimpleRNN, Dense
model = Sequential()
model.add(Embedding(len(tk.word_index)+1, 300, input_length = 72))
model.add(SimpleRNN(10))
model.add(Dense(6, activation = 'softmax'))
model.summary()

model.compile(metrics = 'acc', loss = 'sparse_categorical _ crossentropy',
optimizer = 'adam')
```

4-A 학습 진행

```
history = model.fit(train_x, train_y, epochs = 2, batch_size = 512, valid
ation_data = (val_x, val_y))


# 예측
result = model.predict(test2)


result


resa = result.argmax(1)


resa


sub
```

5-A 결과 제출

```
sub['label'] = result.argmax(1)
sub.to_csv('sci.csv', index = False)
# 47% 정확도
```

3-B 모델 설정 B

```
from keras.layers import LSTM
model1 = Sequential()
model1.add(Embedding(len(tk.word_index)+1, 300, input_length = 72))
model1.add(LSTM(32))
model1.add(Dense(64, activation = 'relu'))
model1.add(Dense(32, activation = 'relu'))
model1.add(Dense(6, activation = 'softmax'))
model1.summary()


model1.compile(loss = 'sparse_categorical_crossentropy',
    optimizer = 'adam', metrics = 'acc')
```

4-B 학습 진행

```
history1 = model1.fit(train_x, train_y, epochs = 2, batch_size = 512,
validation_data = (val_x, val_y))


result1 = model1.predict(test2)
```

5-B 결과 제출

```
sub1 = sub.copy()


sub1['label'] = result1.argmax(1)
sub1


sub1.to_csv('sci1.csv', index = False)
#  63% 정확도
```

3-C 모델 설정 C

```
from tensorflow.keras.layers import Bidirectional, Dropout
model2 = Sequential()
model2.add(Embedding(len(tk.word_index)+1, 300, input_length = 72))
model2.add(Bidirectional(LSTM(32)))
model2.add(Dense(64, activation = 'relu'))
model2.add(Dropout(0.5))
model2.add(Dense(32, activation = 'relu'))
model2.add(Dropout(0.5))
model2.add(Dense(6, activation = 'softmax'))
model2.summary()


model2.compile(loss = 'sparse_categorical_crossentropy',
    optimizer = 'adam', metrics = 'acc')
```

4-C 학습 진행

```
history2 = model2.fit(train_x, train_y, epochs = 2, batch_size = 512, vali
dation_data = (val_x, val_y))


result2 = model2.predict(test2)
```

5-C 결과 제출

```
sub2 = sub.copy()


sub2['label'] = result2.argmax(1)
sub2.to_csv('sci2.csv', index = False)
# 65% 정확도
```

6   Graph 그리기: 모델 비교

```
import matplotlib.pyplot as plt


acc = history.history['acc']
acc1 = history1.history['acc']
acc2 = history2.history['acc']


loss = history.history['loss']
loss1 = history1.history['loss']
loss2 = history2.history['loss']


epochs = range(1, len(acc) + 1)


fig = plt.figure(figsize=(10, 5))
# plt.xlim(1, len(acc) + 1)
plt.plot(epochs, acc, 'b', label = 'Training acc')
plt.plot(epochs, acc1, 'r', label = 'Training acc1')
plt.plot(epochs, acc2, 'g', label = 'Training acc2')
```

```
plt.title('Training acc')
plt.savefig('senti_acc')
plt.legend()


fig = plt.figure(figsize = (10, 5))
# plt.xlim(1, len(acc))
plt.plot(epochs, loss, 'b', label = 'Training loss')
plt.plot(epochs, loss1, 'r', label = 'Training loss1')
plt.plot(epochs, loss2, 'g', label = 'Training loss2')
plt.title('Training loss')
plt.savefig('senti_loss')
plt.legend()
```

memo

연습 문제 정답

연습 문제 정답

Part 1 인공지능이란

01 강인공지능, 약인공지능

02 가중치(weights),
모델을 설정한다는 것은 모델 자체가 가지고 있는 가중치의 형태와 개수를 설정하는 과정이다. 학습을 진행함으로써 가중치 값 자체는 업데이트되지만, 그 형태와 개수는 고정되어 있다.

03 학습

04 레이블

05 지도학습

06 비지도학습

07 딥러닝

Part 2 딥러닝 흐름 잡기

01 데이터셋 (dataset)

02 손실

03 경사 하강법 (Gradient Descent)

04 해석, 수치

05 학습용, 평가용
데이터를 학습과 평가용으로 분리하고, 검증이 필요한 경우는 학습용 데이터의 일부를 검증용으로 분리해 사용한다.

06 회귀, 분류

07 evaluate, predict

08 선형 회귀

Part 3 기본 흐름 파악하기

01 loss, optimizer, metrics

02 epochs, batch_size

03 mae, mse

04 sigmoid, softmax

05 1, softmax, class

06 Dense(4, activation='softmax', input_shape=(8,))

07 Dense(1, activation='sigmoid', input_shape=(10,))
compile(loss='binary_crossentropy', optimizer='sgd', metrics='acc')

08 5

09 10000/200×5=250

10 $MAE: \frac{1}{3}(|3-2|+|2-1|+|1-0|)=1,$
$MSE: \frac{1}{3}(|3-2|^2+|2-1|^2+|1-0|^2)=1$

11 W=(12.3, 7.2)−0.1(2, 5)=(12.1, 6.7)

12 미분 $y' = 2x-3$, $x_0 = 2$, $y_0 = y(2) = -2$ 이므로
$$x_1=x_0-hy'(2)=2-0.2 \cdot 1=1.8$$
$$x_2=x_1-hy'(1.8)=1.8-0.2 \cdot 0.6=1.68$$
$$x_3=x_2-hy'(1.68)=1.68-0.2 \cdot 0.36=1.608$$

Part 4 선형 모델

01 255, 3, 1

02 중심이동, 크기 조절, 255

코딩은 처음이라 with 딥러닝

03 Score, 가중치(weight), 편향(bias)

선형 분류기는 각각의 class마다 하나의 score 함수를 계산하며 그 과정은 입력 벡터에 행렬(가중치)을 곱하고 벡터(편향)를 더해서 만들어진다.

04 Softmax, Cross Entropy

05 SGD, batch_size

06 $10 \times 10 \times 3 = 300$

07 $(10, -3, -6)$

08 Softmax 변환: $(7.38, 2.72, 0.37) \rightarrow (0.70, 0.26, 0.04)$

$cross-entropy\ loss : -\ln 0.7 = 0.36$

09 $100000/100 \times 3 = 3000$

10 $4 \times 1 + 1 = 5$

입력 벡터의 크기가 4이고 출력값이 1개이므로 행렬(가중치)의 크기는 1×4가 되며, 편향값 1을 더해준다.

11 4 (class별로 하나의 score 함수)

12 $6 \times 4 + 4 = 28$

Part 5 신경망 모델

01 은닉층(hidden layer), 뉴런(neuron)

신경망에서 입력층과 출력층을 제외한 층은 가시적으로 드러나지 않기 때문에 은닉층이라 하며 각 층의 구성 요소를 뉴런이라 한다.

02 활성화 함수

03 활성화, 활성화 함수

04 Sigmoid, tanh, ReLU

05 규제 강화(Regularization)

06 데이터 증강, Dropout, 손실 추가

07 극소점, 안장점

극소점과 안장점은 둘 다 미분값이 0이므로 sgd 기법으로는 더 이상 학습이 진행되지 않을 수 있다.

08 NAG(Nesterov Accelerated Gradient)

09 RMSProp, Adam

10 $(12 \times 10 + 10) + (10 \times 8 + 8) + (8 \times 4 + 4) = 130 + 88 + 36 = 254$

층이 3개(입력, 중간, 출력)이며 각각의 층은 각 층의 (입력x출력+출력)으로 계산된다.

11 $(675 \times 32 + 32) + (32 \times 10 + 10) = 21632 + 330 = 21962$

12 $(-2, 1, 4)$

(1) 계산 그래프(Computational Graph) 작성

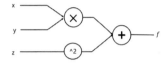

(2) 단계별 함수와 도함수 계산

$$h(x) = ax \qquad k(x) = x^2 \qquad g(x) = x + a$$
$$h'(x) = a \qquad k'(x) = 2x \qquad g'(x) = 1$$

(3) 함숫값 계산(forward)

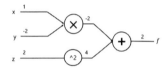

(4) 미분값 계산(backward)

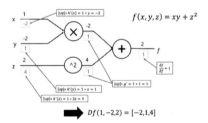

$$f(x, y, z) = xy + z^2$$

$$Df(1, -2, 2) = [-2, 1, 4]$$

13 $(1, 2, 1)$

Part 6 이미지 분류

01 ImageDataGenerator, flow_from_directory, flow_from_dataframe

02 합성곱(convolution)

03 Convolution(합성곱), Pooling, Fully Connected

04 filter, feature map(activation map), filter

05 stride, padding

06 최댓값, 평균값

07 AlexNet

08 전이 학습(Transfer Learning)

09 (1) −1 (2) 10 (3) −36

```
기본 단위가 2x20|고 남는 부분은 무시된다.
(2)
def conv(a, b):
    c=np.array(a)*np.array(b)
    return np.sum(c)
A=np.array([[2,3,-2],[1,4,2],[-2,1,-3]])
B=np.array([[1,-2,-4],[1,0,3],[-2,1,2]])
conv(A,B)

(3)
C=np.array([[[i+j-2*k for i in
range(1,4)]for j in range(1,4)]for k in
range(1,4)])
D=np.array([[[2+i-j+k for i in
range(1,4)]for j in range(1,4)]for k in
range(1,4)])
conv(C,D)
```

10 (1) MaxPooling: 2, AveragePooling: 1 (2) MaxPooling: 3, AveragePooling: 2

(3) MaxPooling: 3, AveragePooling: 1.75
다음 코드를 작성해 계산할 수도 있다.

```
from tensorflow.keras.layers import
MaxPooling2D
a=np.array([[1,2,3],[3,4,5],[3,4,5]])
a1=a.reshape(1,3,3,1)
MaxPooling2D()(a1)
```

11 (1) [6, 4, 2]

```
a=np.array([[[i+3*j-2*k for i in
range(1,4)] for j in range(1,4)]for k in
range(1,4)])
a[0].mean(),a[1].mean(), a[2].mean()
```

(2) [16, 12, 8, 4, 0]

12 (1) $(3 \times 3 \times 3 + 1) \times 6 = 168$
(2) $(5 \times 5 \times 3 + 1) \times 3 = 234$

13 (1) $(34 \times 34 \times 8)$
(2) $(17 \times 17 \times 8)$

14 (1) $(25 \times 25 \times 1)$, padding: 1
(2) $(23 \times 23 \times 1)$, padding: 2

Part 7 자연어 처리

01 one−hot encoding

02 실수, 밀집, 학습
embedding vector는 단어를 one−hot encoding한 것을
word embedding(CBOW, skp−gram 등)으로 학습한 결과
로 만들어진다.

03 hidden vector

04 Truncated BPTT

05 Long−term dependency, LSTM

06 Cell state
LSTM의 오류 역전파는 단순한 스칼라곱과 덧셈만으로 구성
된 cell state에서 진행된다.

07 seq2seq, encoder, decoder, context vector

08 [입력: is, 출력: This] [입력: This, a, 출력: is], [입력: is, book
출력: a], [입력: a, 출력: book]

09 [입력: This, 출력: is] [입력: is, 출력: This, a], [입력: a, 출력:
is, book], [입력: book, 출력: a]

찾아보기

코딩은 처음이라
with
딥러닝

1판 1쇄 발행 2022년 4월 25일

저　자 | 이종환
발 행 인 | 김길수
발 행 처 | (주)영진닷컴
주　소 | (우)08507 서울특별시 금천구 가산디지털1로 128
STX-V 타워 4층 401호
등　록 | 2007. 4. 27. 제16-4189

©2022. (주)영진닷컴

ISBN | 978-89-314-6614-0

영진닷컴
프로그래밍 카페 개설!

개프로 ⭐ 개발자 되기 프로젝트

https://cafe.naver.com/codingbeginner/

☑ 스텝들이 올려주는 다양한 코딩 꿀팁을 얻을 수 있어요! 엄청 유용할 거예요.

☑ 코생아, 코린이들의 코딩 일상을 공유해 보세요. 서로 응원하며 힘을 내기도 하고, 자극을 받고,
꾸준히 자기계발을 할 수 있어요.

☑ 궁금한 점이 있으면 편하게 물어보고 빠르게 해결할 수 있어요! 스텝뿐 아니라 회원분들이 함께
여러분의 가려운 곳을 긁어드릴 거예요.

☑ 같은 책을 구입하신 분들끼리 모여 스터디를 진행할 수 있어요. 끈기 있게 마무리할 수 있도록
진행은 스텝들이 도와드릴테니, 포기하지 말고 끝까지 참여해주세요.

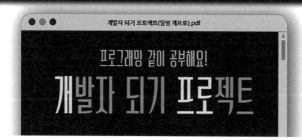

개발자 되기 프로젝트(일명 개프로).pdf

프로그래밍 같이 공부해요!
개발자 되기 프로젝트

검색

| ★ | **카페정보** |
| | 나의활동 |

매니저 다코미
개프로
since 2022.02.23.
카페소개

📗 **코딩은 처음이라**
└ 📄 입문자 필독!
└ 📄 자바 Java
└ 📄 딥러닝 Deeplearning

📗 **그림으로 배우는**
└ 📄 프로그래밍 구조
└ 📄 알고리즘 Algorithm
└ 📄 파이썬 Python ⓝ
└ 📄 C programming
└ 📄 C# programming ⓝ
└ 📄 C++ programming ⓝ
└ 📄 Java programming ⓝ

☑ **개발자 정보**

전체글보기

더보기 ⟩

C# programmin... ⊗
다코미
14:24

파이썬(Python) ... ⊗
개프로 스텝
13:40

C++ 장점 단점 ⊗
부매니저
13:29

파이썬(Python) ... ⊗
부매니저
08:37

자바(Java)는 어디... ⊗
부매니저
22.03.28.

파이썬(Python) 어... ⊗
개프로 스텝
22.03.28.

컴파일 + 프로그램 ...
다코미
22.03.28.

C++ 코드 입력 방법
부매니저
22.03.25.

C언어 C++ C# 차이점
부매니저
22.03.25.

IT 개발자 직무 종류...
부매니저
22.03.25.

자바(Java) 바로 알기
부매니저
22.03.24.

C언어 바로알기[1]
다코미
22.03.24.